한
폭의 ❀
한국사

한 폭의

손영옥 지음

우리 그림 보며 · · · · · · · · · · 한국사 나들이

한 국 사

창비

　루벤스와 렘브란트. 각각 17세기 유럽의 플랑드르(지금의 벨기에)와 네덜란드에 살았던 이름난 화가들이다. 루벤스는 화려하면서 장엄한 대작을 그려 '바로크의 거장'으로, 렘브란트는 진실한 초상화를 즐겨 그려 '시민적 화가'로 불린다. 같은 시대, 인접한 나라에 살았지만 두 사람의 예술 세계는 사뭇 달랐다.

　무엇이 이런 차이를 낳았을까. 미술사학자 아르놀트 하우저가 두 거장의 차이를 명쾌히 설명했다. 루벤스가 살았던 플랑드르는 화려한 것을 좋아하며 과시욕이 강했던 왕족과 귀족 위주의 사회였지만 렘브란트가 살았던 네덜란드는 근면과 성실을 미덕으로 여기며 사치를 싫어했던 상인들의 사회였기에 두 화가의 화풍에 차이가 생겼다는 것이다.

　하우저는 '위대한 예술은 그것을 낳은 사회와 연결되어 있다.'라며 사회학이라는 창문을 통해 예술사를 바라보았다. 이러한 그의 관점은 우리 미술에도 적용할 수 있을 것이다. 각 시대를 대표하는 그림만으로 한국사를 보여 주면 어떨까. 그런 생각에서 이 책은 시작됐다. 고려 시대를 대표하는 예술품인 거대한 석조 불상과 화려한 불화는 각각 호족들의 활기찬 기운과 권세를 부리던 귀족들의 문화를 담고 있지 않는가.

청소년을 위해 쓴 건 우리 집 아이들 덕분이다. 어릴 때만 해도 엄마 손을 잡고 곧잘 박물관과 답사 현장을 따라다니던 아이들은 사춘기가 되면서 '거부의 뜻'을 분명히 했다. 그래서 나는 책을 통해서라도 아이들에게 그림을 보여 주고 싶었다. 지난해 초고를 쓸 당시, 각각 고등학교 1학년과 중학교 2학년이던 아이들은 책에서 다룰 정보의 양과 깊이, 적합한 단어 등을 가늠하는 데 도움을 주었다. 내 아이와 그 또래들이 읽을 책이기에 어떻게 해야 재미있을까 한 번 더 고민했다.

미술을 공부하며 여러 곳을 답사했다. 반구대 암각화부터 서산 마애 삼존불, 충청도와 경상도의 고려 불상, 진경산수화의 주된 배경인 내금 강, 경주 불국사, 석굴암, 남산, 그리고 제주도의 추사 적거지까지. 그때 느꼈던 현장의 감흥이 독자들에게도 전해진다면 더 바랄 것이 없겠다.

책을 내기까지 많은 분들의 신세를 졌다. 모자란 부분을 보완하고 더 정확히 쓰기 위해 많은 전문가들이 나의 인터뷰 공세에 시달려야 했다. 지면에 담을 수 없을 정도로 많기에 일일이 거명할 수는 없지만 도움을 준 모든 분들께 진심으로 감사드린다.

가장 고마운 건 가족이다. 글을 쓰고 책을 만드는 과정에서 집안일에는 도통 무심해져 버린 아내와 엄마를 무던히 지켜봐 준 가족들. 태어나면서부터 직장에 엄마를 빼앗긴 두 아이에게 이 책을 선물한다.

2012년 한겨울에 접어들기 시작한 12월

손영옥

1 그들은
왜 작살 맞은 고래를
그렸을까

———————

반구대 암각화가
보여 주는
신석기 문화

춤추는 고래를 본 적 있니? 동물원에서 볼 수 있는 돌고래 쇼에 나오는 고래 말고 진짜 바다에서 춤을 추는 고래 말이야. 울산 장생포 부근의 바다에 가면 귀여운 돌고래들의 생생한 춤과 합창을 볼 수 있어. 고래바다여행선을 타고 바다에 나가 보는 것도 좋아. 운 좋은 날에는 사람보다 몇 배는 큰 대형 밍크고래가 흰 물기둥을 뿜어내는 광경도 볼 수 있을 거야.

고래가 멸종 위기에 놓이기 전, 우리나라 동해안은 고래들로 넘쳐 났대. 귀신고래, 혹등고래, 참고래, 대왕고래 등이 있었는데, 모두 집채만큼 덩치가 컸어. '고래 등 같은 기와집'이라는 속담도 이 커다란 고래들 덕택에 생겨났지. 당시에는 고래잡이도 성행했대. 울산 지역의 고래잡이는 역사가 아주 오래되었어. 신석기 시대부터 이루어졌거든. 그 먼 옛날 일을 어떻게 알 수 있느냐고? 고고학자들이 발견해 낸 옛 그림이 신석기인들의 생활을 알려 주었거든. 바로 '반구대 암각화'가 수수께끼의 단서가 됐어.

반구대 암각화에서 춤추는 고래들

반구대 암각화란 울산 대곡리에 있는 대곡천의 한 절벽에 새겨진 바위 그림을 가리키는 말이야. 엎드린 거북이처럼 넓고 큰 바위라는 뜻의 반구대(盤龜臺)가 근처에 있어서 반구대 암각화라고 불러.

이 바위그림에는 다양한 모양의 고래가 새겨져 있어. 물을 뿜는 고래, 바닷새와 놀고 있는 고래, 새끼를 업은 어미 고래에다 뛰어오

반구대 암각화 원경 ◆ 대곡천을 따라 병풍처럼 이어진 절벽에 신석기인들의 생활상을 보여 주는 암각화가 그려져 있다. 울산암각화박물관 제공.

르는 고래에 사람들이 도구를 이용해 고래를 사냥하는 장면을 그린 것도 있지. 또 거북이, 물개 같은 바다 동물과 사슴, 호랑이, 여우, 너구리, 멧돼지 등의 육지 동물, 그리고 벌거벗은 사람도 그려져 있어. 전부 합쳐 삼백 점이나 돼. 모두 오랜 세월에 걸쳐 돌망치와 돌자귀* 등으로 바위를 쪼아서 하나하나 새긴 그림들이야.

돌도끼를 휘두르며 뛰어다니는 게 고작인 줄만 알았던 신석기인들이 이렇게 각종 도구를 만들어 이용할 줄 알았다는 게 놀랍지 않니? 반구대 주변에 살던 신석기인들은 커다란 바위를 캔버스 삼아 자신들의 생활상을 기록해 놓았던 거야.

학자들이 힘을 모아 진실을 알아내다

반구대 암각화는 1971년 12월 25일에 동국대학교 학술조사단이 운 좋게 찾아냈어. 사실 반구대 암각화는 1965년에 사연댐이 건설되면서 물속에 잠겨 버린 상태였어. 그런데 수년 후에 큰 가뭄이 들어 수위가 낮아지면서 암각화가 드러난 거야. 학술조사단 사람들은 한 해 전에도 왔다가 헛걸음을 했던 탓에 반구대 암각화를 발견하고는 산타가 준 크리스마스 선물이라며 무척 기뻐했대.

그런데 신석기 시대에 어떻게 몇 척이나 되는 배를 그 먼바다까

• 자귀 돌이나 나무 등을 깎아 다듬을 때 쓰는 연장.

창녕 비봉리에서 발견된 배 ◆ 창녕 비봉리에서 발견된 배는 우리나라에서 가장 오래된 것으로 신석기인이 고래잡이를 했다는 증거이다.

지 끌고 가서 고래잡이를 했을까? 반구대 암각화에서 울산 바다까지는 26킬로미터 정도 떨어져 있어. 신석기인들의 생활 습관상 그 거리를 걸어가서 사냥했다는 건 불가능하다고 봐야 해.

이 수수께끼를 지질학자들이 풀어냈어. 한반도의 기후는 구석기 시대에 추웠다가 신석기 시대에 접어들면서 따뜻해졌고 덕분에 얼음이 녹아 바닷물이 크게 불어났다는 거야. 그래서 신석기 시대에는 동해의 바닷물이 반구대에서 멀지 않은 굴화리까지 들어왔다고 해. 지금보다 바다가 훨씬 가까웠기에 반구대에 살던 신석기인들의 고래잡이가 가능했던 거야.

신석기 시대의 고래잡이를 뒷받침해 주는 유물도 발견되었어. 2005년에 창녕 비봉리의 조개 무덤에서 약 팔천 년 전에 신석기인

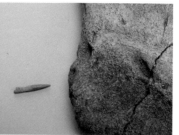

작살 꽂힌 고래 뼈 ◆ 울산 황성동에서 출토된 작살이 꽂혔던 자국이 있는 고래 뼈. 울산박물관 소장.

들이 사용했던 나무배가 나왔거든. 이전까지는 경주 안압지에서 나온 신라 시대의 배가 우리나라에서 가장 오래된 배였는데 역사가 바뀐 셈이야. 그리고 2010년에는 울산 황성동의 한 공사 현장에서 신석기 시대의 것으로 추정되는 작살 박힌 고래 뼈가 발견되었어. 이렇게 지질학의 힘을 빌려 반구대 암각화의 진실을 알았듯 고대의 수수께끼도 여러 학문이 힘을 합치면 조금씩 풀 수 있을 거야.

생물 도감처럼 생생한데, 신석기인이 그렸다고?

반구대 암각화를 보면 마치 생물 도감을 보는 것 같아.

고래, 호랑이, 여우, 멧돼지 등 다양한 동물의 모양과 특징이 잘 나타나 있거든. 반구대 암각화에는 대략 아홉 종의 대형 고래와 돌고래가 새겨져 있다고 하는데, 고래잡이 아저씨들이 보면 무슨 고래인지 알아볼 수 있을 정도로 자세해. 고래의 종류에 따라 머리 모양, 몸의 주름, 지느러미 형태,

반구대 암각화를
컴퓨터 그래픽 기술로 재현한 그림
◆ 울산암각화박물관 제공.

물기둥 모양 등이 다르게 표현되어 있어.

포유류인 고래는 물 밖으로 나와 숨을 쉬는데, 그 빈도는 종에 따라 천차만별이야. 밍크고래, 향유고래 등은 대략 한 시간에 스무 번에서 서른 번 정도 밖으로 나온다고 하는데, 돌고래는 이삼십 초에 한 번씩 숨을 쉬러 나온다고 해. 그때 숨구멍을 통해 내쉰 숨이 찬 공기와 닿으면 수증기가 물방울로 변하는데, 멀리서 보면 꼭 물기둥이 솟아오르는 것 같아. 물기둥 모양도 고래에 따라 달라. 숨구멍이 두 개인 북방긴수염고래, 보리고래, 귀신고래, 혹등고래 등은 물기둥을 V 자 모양으로 뿜어내. 숨구멍이 한 개인 고래 중에 대왕고래와 참고래는 한 줄기 물기둥을 위쪽으로 가늘고 길게 뿜고, 향유고래는 앞쪽으로 45도 기울어진 각도로 내뿜는대. 그리고 물기둥이 높은 고래는 10~15미터나 된다니 대단하지.

밭이랑처럼 배에 주름이 진 고래도 있어. 대왕고래, 참고래, 보리고래 등이 이에 속해. 반구대 암각화에도 몸통 전체에 십여 개의 주

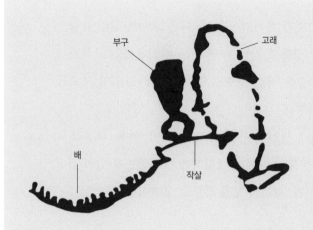

부구

고래

배

작살

1
2 | 4
3

1 작살과 부구를 이용한 사
냥 장면
2 점프한 뒤 수면으로 떨어
지는 고래
3 어미 고래와 함께 헤엄치
는 새끼 고래
4 다양한 형태의 물줄기를
뿜는 고래들

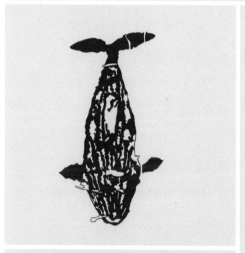

반구대 암각화에 새겨진 다양한 고래들 ◆ 반구대
암각화를 탁본한 것으로 고래잡이에 도움이 되
도록 고래의 다양한 모습이 표현되어 있다. 울산
암각화박물관 제공.

름이 있는 거대한 고래가 새겨져 있는데, 다른 고래와 달리 유독 이
것만 머리를 아래로 향하고 있어. 수면 위로 뛰어올랐던 고래가 수
직으로 떨어지는 모습을 새긴 것으로 추측되는데, 브리칭*으로 유
명한 참고래인 게 분명해.

그 밖에도 암각화에 새겨진 사슴, 호랑이, 표범, 여우, 너구리, 늑
대, 멧돼지 등 육지 동물도 어찌나 세밀하게 묘사했는지 털의 반점,
뿔의 생김새, 귀와 다리, 꼬리의 모양 등으로 구별이 가능할 정도야.

한겨울을 버티기 위한 식량, 고래

암각화에 그려진 동물 그림은 150점가량 되는데, 고래가 46점 정도로 가장 많아. 그만큼 고래는 반구대 근처에 살던 신석기인의 생활에서 중요한 위치를 차지했다고 볼 수 있어.

'긴 겨울을 나려면 더 늦기 전에 고래를 잡아야 해.'

'참고래 한 마리만 잡아도 온 마을 사람들이 겨울을 너끈히 지낼
수 있을 텐데……'

'고래기름으로 움집에 횃불을 밝히면 따뜻하고, 고래 뼈로 그릇
을 만들면 아주 튼튼하지. 고래는 하나도 버릴 게 없다니까.'

신석기인들은 고래를 두고 이런 생각을 하지 않았을까?

••••••••••••••••••••••••••••••••
• 브리칭(Breaching) 고래가 수면 위로 뛰어오르는 행위.

늦가을에 서리가 내리기 시작하면 반구대에 살던 신석기인들은 겨울철 식량 마련이 가장 큰 걱정이었을 거야. 농경과 목축이 뿌리 내리기 전이었으니까. 봄, 여름, 가을에는 산과 들에 나무 열매 등 먹을거리가 널려 있었지만 겨울에는 뭘 먹고 살아야 할지 막막했겠지. 말린 물고기나 저장해 둔 밤과 도토리로는 턱없이 부족했을 테고 말이야. 겨울을 보낼 일이 걱정인 신석기인들에게 따뜻한 난류를 찾아 11월부터 동해로 모여드는 고래는 더없이 좋은 식량 자원이었을 거야. 겨울철 고래잡이는 반구대 마을의 생존이 걸린 문제였던 것이지.

고래잡이를 위해 작은 나무배를 여러 척 끌고 나가야 했으니 온 마을 남자들이 동원됐을 거야. 멀리서 고래가 뿜어내는 물기둥을 보고 어떤 고래인지 알아냈겠지.

"고래가 나타났다!"

"물기둥을 보니 참고래야. 다들 바짝 긴장해!"

고래가 나타나자 뱃머리에 선 우두머리는 작살을 쥔 손에 힘을 주었어. 집채만 한 고래에 맞서야 하는 상황이 겁났겠지만 동료들을 생각하며 두려움을 억눌렀지. 드디어 적당한 거리까지 고래에 접근하자 우두머리는 고래 등에 사슴뿔로 만든 작살을 힘껏, 그리고 정확히 꽂았어. 10미터가 넘는 참고래가 몸부림치는 바람에 바닷물이 요동쳐 배가 뒤집힐 뻔했지. 노 젓는 사람들의 손놀림이 더욱 빨라졌지만 바다에 빠져 목숨을 잃는 이도 많았어.

이들에게는 아버지의 아버지, 그리고 그 아버지의 아버지에게서 물려받은 고래잡이에 대한 지식이 있었어. 고래에 작살을 꽂은 다음에는 밧줄을 풀어 고래가 지칠 때까지 기다리는 거야. 마침내 고래가 죽으면 물에 가라앉지 않도록 물개 내장으로 만든 부구*를 줄에 매달아 둥둥 띄웠어. 작살과 부구를 사용하는 고래잡이 기술은 암각화에도 새겨져 있어. 북극에 사는 이누이트 족은 지금도 작살과 부구를 이용해 고래나 물개를 사냥한다고 해.

왜 작살 맞은 고래를 그렸을까

그런데 신석기인들은 왜 고래를 바위에 그렸을까? 어림짐작이지만 사냥 기술을 후손들에게 전해 주기 위해서였을 것 같아. 신석기 시대는 아직 문자가 만들어지기 전이니 바위에 그림을 새겨서 가르쳤던 거야. 생존에 중요한 정보이기 때문에 동물의 모양과 특징을 정확하게 그려야 했겠지. 물기둥의 형태와 몸의 주름, 지느러미와 꼬리 모양을 통해 고래의 종류를 설명하고, 작살과 부구 등 도구를 사용하는 방법을 아들에게 알려 주는 아버지의 모습을 상상해 봐. 고래의 배에 가로세로 금이 그어진 그림은 사냥한 고래를 해체하는 법을 알려 주는 교과서 노릇을 했을 거야.

....
• 부구(浮具) 동물의 내장에 공기를 넣어 물에 뜨게 만든 오늘날의 튜브와 비슷한 도구.

마지막으로 한 가지만 더 덧붙이자면, 반구대 암각화는 고래를 그린 바위그림으로는 세계에서 가장 오래된 작품이야. 국보로 지정되었고 유네스코 세계 문화유산 잠정 목록에도 오를 만큼 귀한 유적이야. 그런데 댐 때문에 물에 잠겼다 나왔다 하면서 보존 상태가 점점 나빠지고 있어. 계속 방치하다간 바위 표면이 모조리 떨어져 나가 우리의 후손들은 반구대 암각화를 사진으로만 확인할 수 있을지도 몰라. 그러니 반구대 암각화를 보존하기 위한 대책을 서둘러 세워야 해.

조개 무덤은 생활사 박물관

  조개 무덤은 강가나 바닷가에 살았던 신석기인들이 먹고 나서 버린 조개나 굴 등의 껍데기가 세월과 함께 쌓이면서 커다란 무덤을 이룬 유적이다. 순우리말로 조개더미, 한자로 조개 패(貝) 자와 무덤 총(塚) 자를 써서 패총이라고 부른다.

  조개 무덤이 중요한 것은 조개껍데기의 석회질 성분이 부패를 막아 주어 조개껍 데기와 함께 버려진 토기 조각 같은 신석기 유물들이 그대로 보존된 경우가 많기 때문이다.

김해 봉황동 조개 무덤의 단면

  신석기인들은 문자가 없었기에 자신들의 삶을 기록하지 못했지만 조개 무덤에서 나온 신석기 시대의 유물들 덕분에 그들의 삶을 추정해 볼 수 있다.

  예컨대 조개 무덤에서는 작살이 자주 출토되고, 미세하게 그물 흔적 이 있는 토기 조각이 나오기도 한다. 이를 통해 조개 무덤 근처에 살던 신 석기인들이 고래잡이나 사냥을 위해 작살과 그물을 제작했을 것이라고 짐작할 수 있다. 조개 무덤은 신석기인의 생활상을 엿볼 수 있게 해 주는 '생활사 박물관'인 셈이다.

2 농경과
전쟁의
청동기 시대

농경문 청동기와
고인돌이 들려주는
계급의 탄생

청동기 시대에 대해 얼마나 알고 있니? 우리나라의 청동기 문화
는 기원전 1000년 무렵부터 시작되어 약 천 년 동안 지속되었어. 너
무 긴 시간이라 까마득하다고? 하지만 단번에 청동기 시대를 이해
할 수 있는 좋은 방법이 있어. 바로 국립중앙박물관에 가서 농경문
청동기를 보는 거야. 때로는 유물 하나가 그 시대의 많은 것을 이야
기해 주기도 하거든.

유물 하나로 살펴보는 청동기 시대

그런데 실제로 농경문 청동기
를 보면 실망할지도 몰라. 크기
는 어른 손바닥보다 작은 데다
아래쪽 일부분은 뚝 떨어져 나갔지 뭐니. 이런 깨진 유물 하나가 천

농경문 청동기 앞면(위)과 뒷면
(아래) ◆ 앞면에는 밭을 일구는
남자와 괭이를 치켜든 남자, 항
아리에 낟알을 담는 여인이 새겨
져 있고, 뒷면에는 나뭇가지 끝
에 앉아 있는 새가 새겨져 있다.
국립중앙박물관 소장.

년 넘게 이어졌던 청동
기 문화를 보여 준다
니 잘 믿기지 않지?

그래도 실망하지 말고 가
까이 다가가서 자세히 살펴보
자. 고고학에서는 관찰이 중요
하거든. 머리에 긴 깃털 같은 걸 꽂
고 따비*로 밭을 가는 남자, 괭이를 치켜든 남자, 항아리에 낟알을
주워 담고 있는 여자 등이 새겨져 있어. 이랑을 고르게 지은 밭도 있
지? 바로 모두 농사와 관련된 그림이야.

뒷면에도 그림이 있어. 두 갈래로 갈라진 나무 끝에 새가 한 마리
씩 있는데 이 새들은 경기 광주, 충남 청양, 충북 제천, 전남 남원 등

• 따비 손잡이를 잡고 발판을 밟아 삽질하듯 땅을 일구는 농기구로 풀뿌리를 뽑거나
  밭을 가는 데 사용했다.

의 지방에서 볼 수 있는 솟대와 닮았어. 참고로 솟대는 민간 신앙에서 풍년을 기원하거나 마을의 수호를 빌기 위해 세웠던 장대야.

도랑을 두른 언덕 위 청동기 마을

유물을 자세히 살펴봤으니 이번에는 농경문 청동기가 그리고 있는 그 시대로 한번 날아가 볼까?

이천오백 년 전 청동기 시대. 낙동강 하류의 어느 마을.

"푸름아, 밥 먹자."

밖에서 친구 돌이와 놀던 푸름이는 어머니가 부르는 소리에 움집 안으로 얼른 뛰어 들어갔어. 움집 가운데 자리 잡은 화덕에 올려진 시루에서는 잘 익은 밥 냄새가 구수하게 났지. 밭일을 마치고 돌아온 아버지가 돌괭이와 돌낫을 내려놓더니 베옷에서 흙을 털어 냈어. 움막 한쪽에는 곡식이 담긴 항아리들이 있고, 다른 쪽에는 아버지가 쓰는 연장들이 가지런히 놓여 있어. 이삭을 자를 때 쓰는 반달돌칼과 나무를 베어 가공할 때 쓰는 돌도끼, 돌자귀, 석착,˚ 돌대팻날 등이었는데 모두 농사 등에 꼭 필요했던 공구들이야. 나무 보습˚도 움집 구석에 비스듬히 세워져 있어.

....
• 석착(石鑿) 원시 시대에 쓰던 돌로 만든 끌. 끌이란 망치로 한쪽 끝을 때려서 나무에 구멍을 뚫거나 겉면을 깎고 다듬는 데 쓰는 연장이다.
• 보습 쟁기 등의 농기구에 끼우는 넓적한 삽 모양의 조각.

"날과 손잡이가 나뉜 돌낫을 썼더니 일하기가 훨씬 수월하던데."

아버지는 조와 쌀을 섞은 밥을 입 안 가득 넣으면서 돌낫 이야기를 했어. 마을의 공방에서 구해 온 새 돌낫이 아주 마음에 드나 봐.

푸름이가 사는 마을은 움집 삼십여 채가 모여 살았어. 옆집 돌이네는 푸름이네보다 가진 게 많아 움집이 넓었고 할아버지도 같이 살았어. 반지하 같은 움집 안에는 화덕이 세 개나 있었지. 마을 안에는 공동 가축 사육장도 있었어. 마을은 너른 들이 내려다보이는 낮은 언덕 위에 자리 잡았는데 농사짓기 편한 데다 누가 쳐들어오는지 잘 살필 수도 있는 게 장점이었어.

푸름이가 살았던 청동기 시대 마을로 날아가 보니까 어때? 강가나 바닷가에 자리하면서 물고기를 잡고 사냥으로 먹고살던 신석기 시대 마을과는 사뭇 다른 모습이지?

울주군 검단리의 청동기 시대 마을 유적 ◆ 해발 100미터 정도의 구릉에 위치해 있으며 마을 주위로 도랑이 나 있다. 부산대학교 박물관 제공.

또 청동기 시대에는 물을 채운 깊은 도랑을 마을 주위에 둘러쳤어. 침입자들이 함부로 들어오지 못하게 했던 거야. 도랑은 마을 가장자리에 원형 또는 타원형으로 치는 게 일반적이었지만, 절반만 치거나 한쪽에만 직선으로 낸 경우도 있어. 어떤 청동기 유적을 보면 적의 침입이 잦았는지 이중으로 도랑을 치기도 했고 말이야. 도랑 위에는 나무다리를 걸쳐 놓았는데, 올렸다 내렸다 할 수 있었어. 사람들이 마을 안으로 들어올 때는 다리를 내려서 지나갈 수 있게 하고, 평소에는 위로 올려서 적의 침입을 막은 거야. 또 마을 언덕에는 나무 울타리까지 빙 둘러쳐서 겹겹이 방어했어.

그런데 신석기 시대에는 없던 방어 시설이 왜 나타났을까? 바야흐로 청동기 시대에 접어들며 약탈과 전쟁이 시작되었기 때문이야.

공동으로 작업하고 똑같이 나눠 갖는 방식은 신석기 시대와 함께 끝났어. 청동기 시대부터 가진 자와 못 가진 자(빈부), 지위가 높은 자와 낮은 자(계급)의 차이가 생겨난 거야.

신석기 시대에 비해 농업 생산력이 엄청나게 늘어났기 때문에 이런 변화가 일어났어. 산짐승이나 물고기를 잡는 대신 가축으로 고기를 해결하면서 사람들은 농사에 더 많은 시간을 쏟을 수 있게 되었거든. 농업 중심으로 생산 활동이 활발해지면서 수확량이 늘어나자 남는 식량이 생겨났어. 이렇게 먹고 남은 농작물을 사람들은 시장에서 서로 교환했지. 생산물의 증가와 교역은 개인이 소유하는 재산을 늘려 주었고 이는 곧 빈부 격차로 이어졌어.

청동 검 ◆ 청동기 시대에는 청동 검이 전쟁의 승패를 가르는 최첨단 무기였다.

전쟁의 시대, 청동기

청동기 시대에는 식량을 비축한 마을과 그러지 못한 마을 사이에서 뺏고 빼앗기는 전쟁이 벌어지곤 했어. 강력한 청동제 무기는 약탈이나 정복을 위한 전쟁에서 승부를 결정하는 중요한 요소가 되었지. 당시의 최첨단 무기인 청동 검을 가진 부족은 그러지 않은 부족을 손쉽게 이길 수 있었어. 돌로 만든 구식 검은 청동 검 앞에서 꼼짝을 못했지. 전쟁에서 잡힌 포로들은 노예가 되었어. 이러한 전쟁이 반복되면서 계급의 차이도 생겨난 거야.

청동은 귀했기 때문에 주로 무기를 만드는 데 썼고 농기구나 생활

청동기 시대의 각종 공구들 ◆ 돌도끼, 돌자귀, 돌끌, 돌대팻날 등 공구(왼쪽)와 반달 돌칼(오른쪽). 청동기 시대에도 돌로 만든 도구가 쓰였으며 보다 사용하기 쉽게 발달했다.

도구는 여전히 돌로 만들었어. 하지만 그 기능과 모양은 발전을 거듭했지. 반달 돌칼은 빗 모양 또는 삼각형, 사각형 등으로 디자인이 다양해졌어. 돌낫 같은 도구도 날과 손잡이를 따로 만들어 손을 보호할 뿐 아니라 전보다 적은 힘을 들이고도 자유자재로 쓸 수 있게 했어. 물론 돌칼이나 돌화살촉 등 석제 무기도 계속 쓰였고 말이야.

청동으로는 무기 외에 제사 같은 의식에 쓰는 장신구도 만들었어. 청동기 시대에는 마을 족장이 제사장 노릇도 했는데 제사를 지낼 때 청동 거울, 청동 방울 같은 장신구를 몸에 걸쳤거든.

제사는 청동기 시대에 가장 중요한 행사였어. 해마다 농사철이

시작되면 풍년을 기원하는 제사를 지냈
어. 돌로 쌓은 제단 위에는 천지신명
께 소를 제물로 잡아 올렸어. 청동
검을 허리에 차고 가슴에 청동 거울
을 단 족장은 위세가 대단해 보였지.
족장이 움직일 때마다 허리에 두른
청동 방울에서 쩔렁쩔렁 소리가 났어.
족장이 주문을 외면 마을 사람들은 그
앞에 엎드려 함께 풍년을 빌었지. 청동
장신구로 치장한 족장은 마을 사람들

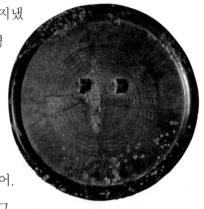

청동 잔무늬 거울 ◆ 청동 거울과 청동 검
은 제사장들의 권위를 상징했다. 동심원
과 기하학무늬는 태양과 햇빛을 뜻한다.

한테 신과 같은 존재였을 거야. 족장이 하늘 높이 두 팔을 벌리면 몸
에 걸친 청동기들에 햇빛이 반사돼 사람들의 눈을 부시게 했고, 사
람들은 족장을 더욱 우러러봤겠지.

이런 청동 장신구는 청동기 시대의 예술이 어떠했는지 알려 주는
중요한 열쇠야. 청동 거울에 새겨진 무늬를 살펴볼까? 청동 잔무늬
거울에는 태양을 상징하는 동그라미가 새겨져 있어. 삼각형, 사각
형 등의 기하학무늬도 있지. 이런 무늬는 농사에 결정적인 영향을
미치던 자연 현상을 표현한 것으로 보여.

선사 시대의 예술은 이렇듯 종교와 밀접했어. 태풍, 홍수, 가뭄 등
자연재해에 대한 공포가 아주 컸던 선사 시대 사람들은 이를 극복
하기 위해 신을 믿으며 자신들의 기도를 예술로 표현했던 거야.

북방식 고인돌(위)과 남방식 고인돌(아래) ◆ 북방식 고인돌은 높게 설치한 굄돌 위에 덮개돌을 얹어 탁
자와 비슷한 모양이며, 남방식 고인돌은 낮게 쌓은 굄돌 위에 덮개돌을 얹어 마치 바둑판 같은 모양이다.

고인돌은 부족장만의 무덤이었을까

청동기 시대 하면 떠오르는 고인돌은 거대한 돌을 세워서 만든 무덤이야. 고인돌의 형태는 나란히 세운 굄돌 위에 덮개돌을 얹은 방식으로 아주 단순해. 하지만 워낙 규모가 커서 흔히 부족장의 무덤으로 알려져 있지.

고인돌은 만드는 방식에 따라 굄돌을 탁자 모양으로 높게 설치한 북방식(탁자식)과 낮은 발받침을 설치한 남방식(바둑판식), 그리고 굄돌 없이 덮개돌만 있는 덮개돌식으로 나뉘어.

북방식은 지상에 판판한 돌 네 개를 'ㅁ' 혹은 'ㅍ'자 모양으로 세워 돌방을 만든 뒤, 그 위에 덮개돌을 얹는 방식이야. 이 지상 돌방 안에 청동 검, 토기, 옥 등의 부장품과 함께 시신을 안치했지. 그런데 이런 북방식 고인돌에서 덮개돌 밑에 굄돌이 두 개만 있는 경우를 많이 봤을 거야. 그런 건 대부분 도굴당하거나 파괴당한 고인돌이야. 북방식 고인돌은 시신을 지상에 묻다 보니 고인돌을 부수고 유물을 훔치기가 쉬웠거든. 그래서 원래 'ㅁ'자 모양으로 네 개였던 굄돌이 '='자 모양으로 두 개만 남은 거지.

남방식 고인돌은 우선 지하에 시신을 묻을 수 있도록 흙을 판 뒤, 구덩이 벽에 널판 같은 돌을 세우거나 자갈 등을 쌓아서 방을 만들어. 그리고 땅 위에 덮개돌을 받치는 용도의 굄돌을 네다섯 개씩 낮게 놓은 뒤 덮개돌을 얹어서 완성해. 얼핏 보면 작은 굄돌 위에 바둑판처럼 얹힌 덮개돌만 눈에 들어올 거야.

덮개돌식은 남방식과 마찬가지로 땅을 파서 방을 만들어. 하지만 굄돌 없이 바로 방 위에 덮개돌을 얹는 게 차이점이야.

북방식은 평안도, 황해도 등 주로 북한 지역에서 발견되었고, 남방식은 전라도, 경상도 등 한강 이남 지역에서 주로 발견되었어. 하지만 북방식 고인돌이라고 해서 북한 지역에서만 나온 건 아니고 전북 고창 등 남한에서 발견되기도 했어.

우리나라에서 고인돌은 주로 서해안과 남해안을 따라 분포되어 있어. 아마 동해안보다 산이 낮고, 강과 바다가 가까이 있어 농사짓기에 좋은 땅이라 사람들이 더 많이 살았을 거야.

현재 우리나라에서 확인된 고인돌은 북한에 만 오천 기, 남한에 삼만 기가 있는데 전남에만 이만여 기가 있어. 우리나라는 고인돌이 유난히 많은데, 전 세계 고인돌의 절반 가까이가 한반도에 있다고 해. 가히 '고인돌 왕국'이라고 부를 만하지. 고인돌의 덮개돌 크기는 2미터에서 4미터가 보통이지만, 황해도 은율의 북방식 고인돌처럼 9미터 가까이 되는 초대형 덮개돌도 있어. 50톤이 넘는 거대한 덮개돌을 채석장에서 떼어 내고 운반해서 무덤을 만드는 것은 보통일이 아니었을 거야. 수백 명이 동원되어야 하는 큰 공사였겠지.

전북 고창 매산 마을의 산기슭에는 고인돌이 자그마치 사백 기가 넘게 모여 있어. 너무 많다 보니 고인돌을 부족장의 무덤으로 보기 어렵다는 의견도 있지. 하지만 많은 인원을 동원한 점만 봐도 고인돌에 묻힌 사람은 당시 족장과 비슷한 힘을 지녔거나 족장의 가족이었을 가능성이 커. 평범한 사람들은 꿈도 못 꿀 고인돌은 청동기 시대가 계급 사회였음을 말해 주는 증거야.

천전리 암각화에 깃든 청동기 시대 농사꾼의 바람

청동기 시대에도 암각화가 있었다. 반구대 암각화에서 그리 멀지 않은 곳에 위치한 울주 천전리 암각화가 대표적이다. 반구대 암각화보다 일 년 먼저 발견되었는데 우리나라에서 가장 먼저 발견된 암각화이기도 하다.

청동기 시대 암각화는 천전리 외에도 고령 양전동, 포항 칠포리, 영주 가흥동, 남원 대곡리 등 십여 곳에 있으며 대부분 경상도 지역이다. 청동기 시대 암각화에는 하나같이 동그라미 무늬, 마름모무늬, 지그재그 무늬 등 기하학무늬가 새겨져 있다. 여러 동물과 사냥 장면을 새겼던 신석기 시대 암각화와 다른 점이다. 대곡천 계곡가에 있는 높이 2.7미터, 폭 9.7미터의 평평한 바위에 그려진 천전리 암각화에도 기하학무늬가 새겨져 있다.

왜 이런 무늬를 새긴 것일까. 우리나라에서는 청동기 시대부터 사람들이 본격적으로 농사를 짓고 큰 마을을 이뤄 살았다. 신석기 시대와 달리 정착해서 농사를 지은 것이다. 따라서 청동기 암각화의 기하학무늬는 농사에 중요한 자연 현상을 표현한 것으로 보인다. 그 외에 청동기 시대 족장들이 쓰던 칼과 칼의 손잡이를 무늬로 표현한 것도 있다. 반구대 암각화에 사냥과 고래잡이를 해서 먹고살던 신석기 시대 사냥꾼들의 바람이 새겨져 있다면, 청동기 시대 암각화에는 농사꾼들의 바람이 담겨 있다고 할 수 있다.

울주 천전리 암각화 ◆ 바위에 새겨진 기하학무늬는 자연 현상을 뜻하는 것으로, 청동기 시대 사람들이 농사를 지었음을 알려 준다.

3 안악 3호분의
주인은
누구일까

고구려 벽화에
숨은
희대의 수수께끼

'셜록 홈스' 이야기를 읽어 본 적이 있니? 면밀한 관찰과 날카로운 추리로 어려운 사건을 해결하는 명탐정의 이야기가 흥미진진하지. 그런데 역사학자들에게도 홈스 같은 추리력이 필요할 때가 있어.

바로 안악 3호분의 주인을 찾는 일이 그래. 안악 3호분은 황해도 안악군에 있는 고구려 초기의 고분이야. 원래는 그냥 언덕인 줄 알 았는데, 1949년에 농지를 정리하다가 고구려 무덤이라는 사실이 드 러났대.

안악 3호분의 주인을 찾아 나선 역사학계 탐정들

고구려 벽화 고분 중 규 모가 가장 큰 것이 안악 3호분이야. 무덤 안에 들

안악 3호분의 주인 ◆ 357년에 만들어진 것으로 추정되는 안악 3호분의 주인이 누구인지는 아직도 역사학계에서 의견이 분분하다.

어가 보면 얼마나 넓은지 지하 궁전을 방불케 할 정도라고 해. 그리고 천장과 벽을 화려한 벽화가 가득 채우고 있어. 무덤 주인의 초상화 외에 행렬, 사냥, 씨름, 마구간, 부엌, 우물가, 방앗간 등이 그려져 있는데 꼭 풍속화 같아. 오랜 세월이 지났는데도 색이 선명해서 천육백여 년 전 고구려 사람들의 생활이 어땠는지 생생하게 보여 줘.

　그뿐만 아니라 무덤이 만들어진 시기와 무덤의 주인을 추정할 수 있는 묵서*가 남아 있어서 고구려 고분 벽화를 연구할 때 중요한 역

• 묵서(墨書)　먹물로 쓴 글씨.

40

안악 3호분 주인의 부인 ♦ 무덤 주인의 부인과 그녀를 시중드는 시녀들의 차림새를 보면 고구려에서 신분에 따라 복식이 달랐음을 알 수 있다.

할을 해. 묵서의 내용은 다음과 같아.

동수(冬壽)는 유주 요동 출신으로 서기 357년 10월 26일에 죽었다. 관직은 평동장군, 낙랑상, 현토대방태수 등을 역임했고 도향후였으며 향년 69세였다.

묵서의 내용을 살펴보니 안악 3호분이 고국원왕이 고구려를 다스리던 때인 357년에 만들어진 걸 알 수 있지? 하지만 이 화려한 무덤의 주인이 묵서에 언급된 동수인지는 발굴된 지 오십여 년이 지나도록 풀리지 않고 있어.

안악 3호분 무덤의 주인과 관련해서 여러 가지 가설이 있는데, 고구려 고국원왕 때 전연이라는 나라에서 혼란을 피해 고구려로 망명온 '동수'의 묘라는 주장이 있어. 중국 역사서 『자치통감』에 따르면 선비족 모용씨가 세운 나라인 전연에서 모용씨 형제들 사이에 왕위 쟁탈전이 벌어졌다고 해. 이 사건 때문에 다른 나라로 망명을 떠난 사람이 많았는데, 이때 동수는 고구려로 도망갔다는 거야. 그리고 전연에서 온 동수와 안악 3호분의 묵서에 적힌 동수가 같은 인물이라는 것이지.

한편 안악 3호분이 왕의 무덤이라고 주장하는 이들도 있어. 이들은 묵서가 무덤 주인의 초상화가 있는 방 안이 아니라 방 입구 바깥의 벽에 그려진 신하의 초상화 위에 있는 점을 문제 삼고 있어. 즉 묵서가 무덤의 주인이 아닌 신하를 설명하는 글이라는 거야. 그러니까 동수는 무덤의 주인이 아니라 신하라는 말이지.

그리고 안악 3호분의 규모를 봐도 왕의 무덤이 틀림없다는 거야. 또 무덤의 주인의 초상을 보면 당시에 오직 왕만 쓸 수 있었던 백라관을 모자 위에 겹쳐 쓴 것도 그 증거라고 주장해. 백라관은 흰 비단으로 만든 모자로 고구려 왕의 상징인데 드라마에서도 본 적이 있을 거야.

하지만 어느 왕인지에 대해서는 고국원왕이라는 주장과 미천왕이라는 주장이 엇갈리고 있어. 고국원왕은 동수가 모신 왕이었고, 미천왕은 고국원왕의 아버지야.

안악 3호분에 그려진 행렬도(위, 모사도) ◆ 무려 250여 명이 그려져 있어 당시 고구려의 국력을 실감나게 해 준다.

안악 3호분에 그려진 각종 그림들(아래) ◆ 우물과 부엌 등이 그려진 다양한 생활도. 고구려 사람들의 생활상이 생생하게 그려져 있다.

도대체 무덤의 주인은 누구일까? 셜록 홈스 앞에 던져졌던 미해결 사건만큼이나 흥미진진한 수수께끼야.

오락 문화에서 패션까지, 고구려 풍속의 보고

여러 가지 논란을 낳고 있는 묵서지만 그 덕에 안악 3호분이 우리나라에서 가장 오래된 벽화 고분이라는 사실은 분명히 밝혀졌어.

무덤 주인의 초상화를 자세히 살펴보자. 당대 최고의 화가가 그렸을 초상화의 주인공은 정말 왕처럼 풍채가 당당해. 장막을 걷어 올린 장방*안에 앉아 정면을 똑바로 바라보고 있는데 화가는 주인공의 얼굴을 일부러 과장해서 크게 그렸어. 어깨선을 가파르게 그리고 책상다리로 앉은 무릎의 폭을 넓게 그림으로써 주인공의 구도가 정삼각형이 되었지. 이런 구도는 안정감이 있어서 주인공에게 권위와 무게감을 실어 줘.

주인공은 왕을 상징하는 붉은색 옷을 입고 있고, 자세는 한 손에 부채를 쥔 채 설법을 하고 있는 듯해. 마치 초상화 주인공이 신처럼 받들어지기를 원했던 것 같지 않니? 그리고 주인공 주변의 인물들은 주인공과 가까울수록 크게, 멀수록 작게 그렸어. 화가가 신분에 따라 인물의 크기를 달리해서 그린 거야.

....
• 장방(長房) 너비보다 길이가 길고 큰 방.

무덤 주인의 아내는 얼굴이 포동포동하고 초승달처럼 가느다란 눈썹은 치켜 올라갔어. 입술은 마치 앵두 같은데 당시 미인의 기준이 이렇지 않았을까 싶어.

이번에는 행렬도를 보자. 무려 250여 명이 그려져 있는데 아주 장관이야. 강력했던 고구려의 국력을 느낄 수 있어. 그중에서도 취악대가 그려진 부분이 압권이야. 크고 작은 북과 뿔피리, 나팔 등 각종 악기를 연주하는 사람들이 등장하는데 그 규모가 대단해.

행렬도 외에 당시 생활상을 보여 주는 그림들도 재미있어. 도르래를 이용해 우물물을 긷는 모습, 부엌에서 밥을 하는 모습, 푸줏간에 고기들이 빼곡히 걸린 모습, 방앗간에서 절구를 찧는 모습 등이 그려져 있거든. 아랫도리만 간신히 가린 두 남자가 우리나라 전통 무예인 수박을 하는 장면도 있어. 이 벽화들은 당시 사람들이 어떻게 생활했는지 생생하게 보여 주어서 가치가 커.

예를 들면 부엌에서 밥을 짓는 여자는 흰옷을 입고 있는 반면에 무덤 주인의 아내와 그녀를 수행하는 여자들은 색이 화려한 옷을 입고 있어. 즉 고구려는 신분에 따라 옷 색깔이 달랐던 거야. 이렇듯 문자로 기록되지 않아도 벽화를 통해서 당시 사회상을 추측할 수 있어.

각저총과 무용총 벽화, 전성기를 맞이한 고구려의 기상

고구려 벽화들을 살펴보면 시간이 흐를수록 그림이 점점 발전했다

무용총 수렵도(위)와 무용도(아래) ♦ 5세기경 그려진 이 그림들은 고구려에서 사냥과 춤이 중요한 의식 중 하나였음을 알게 해 준다.

안악 3호분의 수박도(왼쪽)와 각저총의 씨름도(오른쪽) ◆ 4세기에 그려진 안악 3호분의 수박도보다 5세기에 그려진 각저총의 씨름도가 표현이 훨씬 세련됐음을 알 수 있다.

는 것을 알 수 있어. 무엇보다 고구려 벽화 특유의 역동성과 율동감, 세련미가 발휘되기 시작해. 대표적인 예가 중국 지린 성 지안 현 퉁거우에 있는 무용총과 각저총의 벽화야. 5세기에 조성된 것으로 추정되는 이 두 무덤은 마치 쌍무덤처럼 나란히 자리 잡고 있는데, 광개토왕릉비에서 약 1킬로미터 떨어져 있어.

무용총의 수렵도는 고구려의 기상을 잘 보여 주는 멋진 그림이야. 백마를 타고 몸을 돌린 채 사슴을 겨냥하는 사냥꾼의 모습에서 당장이라도 화살이 날아갈 듯한 긴장감이 전해져. 그리고 수렵도에는 아주 재미있는 장면도 있어. 바로 검은 말을 타고 쫓아오는 사냥꾼에게 혼비백산해 도망치는 호랑이의 표정이야. 명색이 동물의 왕인데 체통 따위는 내팽개친 얼굴이라니. 아주 유머 감각이 뛰어난 화가가 그렸나 봐.

이번에는 무용총의 무용도를 보자. 춤을 추는데 자세가 조금 어색하지? 팔을 뒤로 젖힌 동작인데, 양팔을 모두 뒤로 나란히 그런 게 꼭 유치원생 그림 같아. 그래도 엉덩이를 빼고, 무릎을 적당히 구부린 자세에서 춤추는 사람들의 신명이 느껴져.

무용총을 봤으니 각저총으로 넘어가자. 각저총의 씨름 벽화를 고구려 초기의 안악 3호분 수박도와 비교해 봐. 훨씬 세련되지? 한판 승부에서 이기기 위해 안간힘을 쓰는 두 사나이 사이에서 팽팽한 긴장감이 느껴져. 그리고 나무에서 뻗어 나온 가지들은 마치 목을 빼고 응원하는 구경꾼들 같아. 그런데 씨름꾼들을 자세히 보면 왼쪽 씨름꾼은 오른쪽 씨름꾼과 다르게 매부리코지? 고구려 사람이 아니라 서역에서 온 사람인 거야. 서역은 중국의 서쪽 지역을 말하는데, 비단길을 넘어 중앙아시아, 더 멀리는 아라비아 반도까지 포함하는 지역이야. 각저총의 벽화를 통해 고구려가 중국 너머 서역과도 교류했다는 사실을 알 수 있어.

무용총과 각저총이 만들어진 5세기는 고구려의 전성기였어. 광개토 대왕과 장수왕이 통치했던 시기였지. 광개토 대왕은 대규모 정복 사업을 펼쳐 한강 상류 지역을 차지했고, 신라를 도와 일본을 물리치기도 했어. 참고로 고구려, 백제, 신라는 모두 한강을 차지했을 때가 그 나라의 전성기였어. 광개토 대왕의 아들인 장수왕은 수도를 압록강 부근의 국내성에서 평양성으로 옮기고 적극적인 남하 정책을 펼쳤어. 백제의 수도 한성을 공격해서 개로왕을 사로잡아 죽였는데, 이 바람에 백제는 한강에서 밀려나 수도를 지금의 공주인 웅진으로 옮길 수밖에 없었지. 무용총과 각저총의 벽화에서 느껴지는 활달한 기상과 낙관적인 분위기는 전성기를 맞이한 고구려 사람들의 자신감이 그 배경일 거야. 화가는 저도 모르게 자신이 살던 시대의 분위기를 작품에 반영하기 마련이거든.

한 토막
역사 상식
3

군사 훈련이자
종교 행사였던 사냥

고구려 고분 벽화 가운데 가장 잘 알려진 그림은 무용총의 수렵도일 것이다. 고구려를 포함한 고대 사회로 넘어오면서 사냥은 신석기 시대처럼 단순히 식량을 얻기 위한 활동에 그치지 않았다. 일정 규모 이상의 사냥 대회는 그 자체가 군사 훈련이자 종교 행사였다.

고구려에서는 해마다 음력 3월 3일에 낙랑(황해도 자비령 북쪽 일대) 언덕에서 왕과 오부(고구려를 이룬 다섯 집단)의 군사가 모두 참가하는 대규모 사냥 대회가 열렸다. 그리고 대회에서 잡은 수렵물들로 하늘과 땅에 제사를 지냈다.

사냥 대회에서는 활에 의존하는 기마 사냥, 창을 쓰는 도보 사냥, 매를 이용하는 매사냥, 몰이꾼과 사냥개를 이용한 짐승 몰이 등이 한꺼번에 펼쳐졌다. 사냥 행위는 적진을 탐색하여 정보를 수집하고 전략과 전술을 짜서 수색전을 펼치며, 기마병과 보병을 효과적으로 전개하는 등 군사 작전과 다를 게 없었다. 고대의 기록에 왕과 귀족이 참가했던 사냥 관련 내용이 수시로 나오는 것도 국가의 중요한 행사였기 때문이다.

사냥이 이처럼 중요한 행사였기에 수렵도는 무용총 외에도 안악 1호분, 덕흥리 벽화 고분, 약수리 벽화 고분, 감신총, 용강대묘, 장천 1호분, 삼실총 등 여러 고구려 고분 벽화에서 즐겨 다루어지는 소재였다. 수렵도의 구성도 다채로워서 당시 사냥의 종류와 방법, 사냥 대상을 파악하는 데 도움을 준다.

4

행복
삼 남매와
백제의 미소

———————

해양 국가이자
열린 사회였던
백제

'행복한 삼 남매.'

충남 서산시 가야산 계곡의 절벽에 새겨진 마애삼존불을 보면 화목한 집안의 사이좋은 삼 남매를 보는 듯해. 가족사진 찍듯 나란히 포즈를 취한 세 불상의 미소가 너무 사랑스럽거든. 마애불의 한자는 '새길 마(磨)', '벼랑 애(崖)', '부처 불(佛)'로 '바위에 새긴 불상'을 뜻해. 그러니까 서산 마애삼존불은 '충남 서산 지역의 암벽에 새긴 세 분의 부처'라는 뜻이야.

이곳은 옛날에 백제 땅이었는데 백제 말기였던 7세기 초에 서산 마애삼존불이 만들어졌다고 해. 백제는 한성(서울)에서 웅진(공주)으로 수도를 옮긴 이후 본격적으로 절을 짓고 탑을 세웠어. 나중에 도읍을 다시 사비(부여)로 옮긴 이후 무왕 때는 나라에서 대규모 불상을 만드는 등 불교문화가 절정을 이뤘대.

부처님이 보여 주는 '백제의 미소'

바위에 새겨진 세 불상을 자세히 살펴볼까? 중앙이 여래상, 왼쪽이 보살상, 오른쪽이 반가사유상이야. 이름들이 좀 어려울지도 모르지만 너무 겁먹지는 마.

여래상은 석가모니 부처를 새긴 것이야. 석가모니는 불교의 창시자로 실제 성은 고타마, 이름은 싯다르타야. 그렇다면 '석가모니'란 무슨 뜻일까? 바로 '석가족의 성자'라는 뜻이야. 석가모니는 고대 인도의 석가족이라는 부족 출신이었거든. 그리고 '여래'는 석가모니에 대한 존경을 담아 부르는 이름 중 하나야. '부처'는 우리나라

서산 용현리 마애여래삼존상 ◆ 국보 제84호. 나란히 서 있는 세 불상의 미소를 보면 절로 가슴이 따뜻해진다. 문화재청 제공.

에서만 쓰는 말인데 '깨달은 사람'을 뜻하는 산스크리트 어 '붓다 (Buddha)'에서 유래했어.

실은 석가모니는 석가족의 왕자였어. 결혼해서 자식까지 있었지만 왕의 자리를 버리고 29세에 수행을 시작해서 35세에는 깨달음을 얻었지. 그리고 각지에서 사람들을 가르치며 살다가 80세에 열반에 들었어. 열반은 불교에서 승려가 죽어서 깨달음에 도달하는 것을 뜻해.

이번에는 보살을 설명해 줄게. 보살은 부처를 도와 중생을 구제하는 역할을 맡고 있어. 그리고 역할에 따라 관세음보살, 지장보살, 문수보살, 보현보살 등 여러 가지 보살이 있어.

보통 불교 미술에서 여래는 크고 우람한 남성적인 모습으로 표현해. 그런데 보살은 남성인데도 여성처럼 표현하는 경우가 많아. 보살이 입은 하늘하늘한 옷, 화려한 목걸이와 팔찌를 보고 누가 남자라고 생각하겠어? 보살을 여성적으로 표현해서 남성적인 여래와 대비시킴으로써 조화를 꾀했던 거야. 또한 불교의 가르침인 베풂을 강조하려면 어머니 같은 여성적인 모습이 제격이었겠지.

반가사유상은 절반만 가부좌를 튼 채 생각에 잠긴 모습을 하고 있어. 대개 오른쪽 다리를 왼쪽 다리에 걸친 채 고개를 숙이고 있지. 반가사유상은 바로 석가모니가 왕궁을 나오기 전, 싯다르타 왕자였을 때의 모습을 형상화한 것이야.

왕궁 안에서 부족함 없이 행복하게 살던 싯다르타 왕자는 어느 날 궁 밖으로 나갔다가 백성들이 늙고 병들어 죽어 가는 비참한 모습을 보고 큰 충격을 받았어.

'사람이 태어나서 늙고 병들어 죽는 고통은 왜 있는 것일까? 어떻게 하면 이 고통에서 벗어날 수 있을까?'

이렇게 고민하던 왕자의 모습을 표현한 것이 바로 반가사유상이야. 어때? 어려워 보이는 이름이지만 막상 알고 보니 그렇게 어렵지도 않지?

불상 하면 보통 근엄하고 경건한 분위기가 연상되지만 서산 마애삼존불은 전혀 그렇지 않아. 온화한 얼굴에 아이처럼 천진한 미소를 짓고 있거든. 보고 있으면 행복한 기분이 들 정도야. 행복 바이러스를 전파하는 이 미소를 사람들은 '백제의 미소'라고 불러. 하나하나 차례대로 살펴볼까?

가운데 여래상을 보자. 코가 납작한 게 벌렁코처럼 양쪽으로 벌어져 있어. 그리고 큰 눈을 활짝 뜬 채 사람 좋게 웃고 있지. 어깨가 떡 벌어진 게 듬직한 맏이 같아.

서산 마애삼존불 중 여래상 ◆ 왕자로 태어났으나 중생을 구제하기 위해 왕위를 포기하고 뛰쳐나왔다는 석가모니 부처.

여래상의 오른쪽에 보좌하듯 서 있는 보살상은 머리에 높은 관을 쓰고 양손을 배꼽 위로 가지런히 모은 채 큰 보배 구슬을 들고 있어.

서산 마애삼존불 중 보살상(왼쪽)과 반가사유상(가운데) 및 금동반가사유상(오른쪽) ◆ 보살은 부처를
도와 중생을 구제하는 역할을 맡고 있으며 유독 여성적으로 표현하는 경우가 많다. 서산 마애삼존불의
반가사유상을 국립중앙박물관에서 소장 중인 통일 신라의 금동반가사유상과 비교해 보면 생김새가 확
연히 다름을 알 수 있다.

목에는 짧은 목걸이를 걸었고 하늘하늘한 옷은 꼭 속살이 비칠 듯
해. 볼은 살이 올라 통통하고 얼굴 가득 순박한 미소가 가득한 게 예
쁜 여동생 같아.

　여래상의 왼쪽은 반가사유상이야. 인간의 생로병사에 번뇌하던
태자답지 않게 마냥 천진난만해 보이지? 서산 마애삼존불의 반가
사유상은 다른 것들과 다르게 고개를 숙이지 않고 똑바로 쳐들고
있는 게 꼭 개구쟁이 막내 같아. 이렇게 오손도손 다정해 보이니
행복한 삼 남매라 부를 만도 해.

마애불이 백제에서 처음 시작된 이유는

삼국 중에 불교를 가장 먼저 받아들인 건 고구려(372년)였고, 그 다음이 백제(384년)였어. 신라는 528년 이차돈의 순교 등 우여곡절을 겪은 후에야 불교를 인정했지. 이렇게 불교를 믿기 시작하면서 우리나라에는 절이 세워지고 예배를 위해서 불상도 만들어졌어.

처음에는 불상을 흙으로 빚거나 청동으로 만든 후 금을 입혔어. 청동에 금을 입힌 불상을 금동불이라고 해. 그러다가 불상을 새길 수 있는 거대한 바위가 사람들의 눈에 띄기 시작했어. 이게 마애불의 시작이야. 자연 속의 바위에 신령이 깃들어 있다고 믿으며 기도를 드리던 바위 신앙과 불교가 만나 자연스럽게 바위에 불상을 새기게 됐을 거야.

마애불은 삼국 중 백제에서 처음 만들어졌다고 해. 옛 백제 땅에는 마애불이 곳곳에 남아 있어. 서산 마애삼존불과 가까운 태안군에도 세 불상이 새겨진 태안 마애삼존불이 있고, 멀지 않은 예산에도 네모진 거대한 바위의 각 면에 불상을 새긴 사면불상이 있어. 서산과 태안 일대는 백제에서도 마애불이 처음 만들어진 곳이야. 이후 마애불은 백제의 다른 지역과 신라 등으로 전파되었어.

왜 백제에서 제일 먼저 바위에 불상을 새기기 시작했을까? 지리적 위치를 생각해 보면 답을 알 수 있어. 당시 서산과 당진 일대는 공주를 거쳐 부여로 수도를 옮긴 백제가 다른 나라와 교류하는 교통로의 중심이자 관문이었거든. 특히 서산 마애삼존불이 있는 서산

운산면은 중국의 불교문화가 태안반도를 거쳐 부여로 가는 길목이었어. 태안반도에서 서산 마애삼존불이 있는 가야산 계곡을 따라 계속 나아가면 부여로 가는 지름길인데, 이 길은 예로부터 중국과 교류하던 길이었다고 해.

이제 대충 짐작이 될 거야. 백제의 태안 지방은 당시 중국의 여러 나라들과 적극적으로 교류하면서 중국 불교문화의 영향을 받았던 것이지.

중국의 산둥 반도는 우리나라 쪽으로 길게 툭 튀어나와서 서해안과 아주 가까워. 지금도 산둥 지방에는 남북

예산 석조사면불상(위)과 태안 마애삼존불입상(아래) ◆ 서산 마애삼존불과 멀지 않은 곳에 위치한 또 다른 백제의 마애불들. 예산 석조사면불상은 바위 네 면에 각각 부처를 조각했다. 태안 마애삼존불입상은 서산 마애삼존불과 달리 중앙의 작은 보살 양옆에 거구의 석가모니 부처를 새긴 게 특이하다. 김훈래(위), 문화재청(아래) 제공.

조 시대와 수나라, 당나라 때 만들어진 수많은 석불과 마애불이 남아 있어. 백제는 산둥 지방과 특히 가까웠으니 틀림없이 당시 중국 석불의 영향을 받았을 거야.

해양 국가 백제가 백제의 미소를 낳았다?

백제와 관련한 재미난 역사 상식 하나 더. 백제가 바다를 주름잡았던 해양 국가라는 사실을 아니?

백제는 지금의 서울인 한성을 비롯한 한강 유역을 무대로 성장한 나라야. 하지만 475년에 고구려 장수왕의 공격으로 수도를 잃고 개로왕도 살해당해 쫓겨나듯 공주로 수도를 옮기고 말아. 좀처럼 날개를 펴지 못하던 백제는 성왕 때 부여로 수도를 옮기면서 비로소 다시금 기지개를 켜고 해양 왕국으로서 거듭나게 돼.

원래부터 해안을 배경으로 성장했던 나라인 만큼 백제의 해양 문화는 발달해 있었어. 490년 무렵에는 당시 중국의 나라 중 하나였던 북위의 배를 격파할 정도로 해군도 강했지. 성왕 즉위 후 백제는 지금의 제주도인 탐라 등으로 해로를 넓히고, 일본을 안마당처럼 드나들었어. 백제 승려가 바다를 통해 인도에 건너가 불경을 얻어 왔다는 기록이 있을 정도이니 항로의 범위가 어마어마했지.

한반도에서 가장 넓은 평야를 끼고, 넓은 바다를 누볐던 백제는 그 덕분인지 여유가 있고 개방적이었던 것 같아. 중국의 역사서에 따르면 백제에 신라인과 고구려인을 비롯해 일본인, 중국인까지 함께 살았다고 해. 그뿐만 아니라 백제 조정의 요직에는 중국인이나 일본인이 기용되기도 했다고 하지. 요즘 말로 '다문화 사회'였던 거야. 서산 마애삼존불도 귀화한 중국인이나 그들로부터 마애불 기법을 배운 백제 장인이 새기지 않았을까.

백제는 열린 사고방식으로 다채로운 문화를 수용하는 나라였어. 1971년에 발굴된 무령왕릉이 그런 분위기를 잘 보여 줘. 백제 왕족들의 무덤은 원래 돌로 만들었어. 그런데 무령왕릉은 전과 달리 벽돌을 써서 만든 거야. 무령왕이 다스리던 때에 백제는 중국 남쪽의 양나라와 친하게 지냈는데, 당시 양나라에는 벽돌을 쌓아 방처럼 만든 무덤이 유행했다고 해. 아마 그 영향을 받지 않았을까 싶어. 흔히 무덤 양식 등 장례에 관한 풍습은 가장 바뀌기 어려운 법이야. 양복을 입고 스마트폰을 쓰는 요즘에도 제사는 조선 시대처럼 지내고 있는 걸 떠올려 보면 이해가 되지? 백제는 이처럼 쉬이 바꾸기 힘든 무덤 양식에 과감히 중국식을 도입한 거야. 참고로 시신을 안치한 관을 만들 때는 일본에서만 자라는 금송이라는 나무를 썼다고 해.

백제는 문화를 적극적으로 받아들이기만 한 게 아니라 전파하기도 했어. 고구려, 백제, 신라 사람들 모두 일본으로 건너가서 문화를 전파했지만 특히 백제인들은 일본 문화에 많은 영향을 끼쳤어. 오경박사,[*] 의박사, 역박사, 천문박사, 화가와 공예 기술자들이 일본에

• 오경박사(五經博士) 백제 때, 유교의 다섯 경전인 오경에 능통한 학자에게 주던 칭호.

『양직공도』의 삼국 사신 ◆ 좌측부터 신라, 고구려, 백제의 사신. 삼국 시대 사람들의 생김새와 복식이 어땠는지 알 수 있다.

건너가 기술을 가르쳐 주었거든. 백제는 일본에 배 만드는 기술도 전해 줬어. 650년에 일본에서 구다라(百濟)선이라는 배 두 척을 만들었다는 기록이 있는데, 바로 '백제 배'라는 뜻이야.

흔히 백제 문화 하면 남성적인 고구려 문화와 비교해서 여성적이라고들 하지? 고구려 고분 벽화에서 볼 수 있는 역동성과 비교해 백제의 예술품에서는 온화한 기품을 느낄 수 있어서 그렇게 표현하는 걸 거야. 서산 마애삼존불이 보여 주는 미소처럼 말이야.

어머니의 품처럼 부드러운 바닷바람과 드넓은 황금 들녘의 넉넉함이 백제의 미소를 낳았을 거야. 그뿐만 아니지. 정복보다 통합과 수용의 넓은 마음을 가졌기에 백제 사람들은 넉넉한 미소를 지을 수 있었을 거야.

왜 나라마다
불상들의 표정이 제각각일까

불상의 표정은 나라마다 다르다. 불상은 불교의 발상지인 인도의 간다라 지방, 즉 지금의 파키스탄 서북부 지역에서 1, 2세기경에 처음 만들어졌다. 간다라 지방은 그리스의 헬레니즘 문화가 전파된 곳이다. 이 지역은 기원전 327년에 알렉산더 대왕에게 점령당한 후 삼백 년 가까이 그리스계 왕국의 지배를 받았다. 이때 그리스 로마의 조각 기술이 전래되었다.

간다라 지방에서 처음 만들어진 불상은 로마의 전통 의상을 걸쳤고 머리카락은 곱슬머리에 유럽인의 얼굴을 닮았다. 비슷한 시기에 갠지스 강 유역의 미투라 지방에서도 독자적인 불상을 만들었는데 이곳의 불상은 건장한 인도인의 모습을 하고 있다.

불교는 나중에 중국으로 전해졌다. 중국에서 처음 만들어진 불상은 인도의 간다라 양식과 미투라 양식을 서툴게 모방한 것이었다. 하지만 5세기에 이르면, 불교가 토착화해서 불상의 생김새가 중국식 도포 차림과 동양적인 얼굴로 바뀌게 된다.

인도의 불상

삼국 시대에 만들어진 불상은 각각 고구려, 백제, 신라 사람들의 모습을 닮았다. 불상이나 기와, 토기 조각 같은 유물에 그려진 백제인의 얼굴은 고구려나 신라 사람들보다 통통하고 눈매가 갸름하다. 이렇듯 불상을 통해 천오백여 년 전 사람들의 얼굴을 만날 수 있는 것이다.

중국의 불상

5 별처럼
많았던
신라의 절

삼국 통일의
뒷심
호국 불교

절들이 밤하늘의 별처럼 늘어서 있고,
탑들은 기러기처럼 줄을 서 있었다.

　시처럼 예쁜 글이지? 『삼국유사』에서 서라벌(경주) 거리를 묘사
한 글이야. 절이 얼마나 많았으면 별처럼 총총하다고 했을까? "어?
절은 보통 산에 띄엄띄엄 있던데……." 혹시 이렇게 중얼거리지 않
았니? 지금의 모습만 생각하면 잘 상상이 안 될 거야. 우리가 살고
있는 동네에 교회가 얼마나 많은지 떠올려 봐. 밤에 높은 곳에서 동
네를 내려다보면 십자가 불빛이 촘촘한 것처럼 신라 시대에는 절이
마을 안에 그렇게 많았다고 생각하면 돼.

휘황찬란했던
신라 절의 흔적들

별처럼 많았다는 신라 절의 흔적을 찾아가 볼까? 1962년에 국보 제30호로 지정된 경주 시내의 분황사 모전석탑이 그중 하나야. 절은 사라지고 없지만 석탑이 남아서 웅장했던 절의 모습을 상상하게 해 줘.

분황사는 선덕 여왕 때에 창건되었는데, 그때 탑도 함께 만들어진 것으로 보여. 남아 있는 신라의 석탑 중 가장 오래된 것이고, 유일하게 삼국 통일 전에 만들어진 탑이야.

분황사 모전석탑은 중국의 전탑*을 모방했지만 재료는 벽돌이 아니야. 돌을 벽돌 모양으로 다듬어 쌓은 것이지. 그래서 전탑을 따라 했다는 뜻으로 '모전석탑'이라고 해.

지금은 3층까지만 남아 있지만 원래는 7층 혹은 9층이었을 것으로 추측하고 있어. 현재의 높이가 9.25미터이니 만약 7층이었다면 약 40미터, 9층이었다면 약 50미터나 되는 거대한 규모였다는 말이지. 50미터라면 아파트 20층과 맞먹는 높이야. 어마어마하지? 우리가 사는 아파트만 한 탑이 신라의 마을 안에 떡하니 자리 잡고 있다고 생각해 봐. 얼마나 장관이었을까?

그러면 분황사 모전석탑을 자세히 구경해 보자. 탑의 1층 각 면에는 부처 등을 모시는 방인 감실을 만들었고 화강암으로 문설주*와

• 전탑(塼塔) 흙으로 만든 벽돌을 쌓아 올린 벽돌 탑.
• 문설주 문짝을 달기 위하여 문의 양쪽에 세운 기둥.

분황사 모전석탑(위) ◆ 국보 제30호. 경주시 구황동에 자리하고 있으며 삼국 시대의 탑 중 유일하게 남아 있다.

분황사 모전석탑의 사자상과 인왕상(아래) ◆ 탑의 네 모서리에 자리한 사자상(왼쪽)과 탑의 사면에 위치한 감실을 지키고 있는 인왕상(오른쪽).

돌문을 만들었어. 그리고 문 좌우에는 인왕상을 조각해 놓았지. 탑 모서리에는 돌사자 네 마리가 탑을 지키고 있는데 건장하기 이를 데 없는 풍모가 탑의 위용을 잘 보여 줘.

초창기 불탑은 나무로 된 목탑이나 흙으로 빚은 벽돌을 쌓아서

법주사 팔상전 ◆ 국보 제55호. 우리나라에 남아 있는 탑 중 가장 높고, 하나뿐인 목조탑. 석탑과 달리 기와집에 가까운 형태를 하고 있다.

불국사 석가탑(왼쪽)과 다보탑(오른쪽) ◆ 통일 신라 시대에 만들어진 탑들로 이전의 목탑 및 전탑과 비교해 그 양식이 전혀 다르다. 문화재청 제공.

만든 전탑이 대부분이었어. 중국의 불탑을 따라서 만든 거야. 목탑이나 전탑은 재료가 쌓기 쉬운 탓인지 마치 기와지붕을 층층이 얹은 모양이었어. 탑 안에는 방처럼 생긴 빈 공간이 있었고 문도 달려 있었지. 분황사 모전석탑은 돌로 만들었지만 목탑과 전탑의 이런 특성을 보여 주고 있어.

그런데 우리나라는 예전부터 질 좋은 화강암이 많았고 돌을 다루는 기술도 뛰어났어. 나무로 된 탑은 불에 잘 탄다는 단점도 있었기 때문에 곧 석탑이 유행하게 돼. 석탑은 이전의 목탑이나 전탑과는 양식이 사뭇 달라. 삼국 통일 후에 만들어진 불국사 석가탑과 다보탑을 보면 차이를 확실히 알 수 있을 거야.

불국사의 대웅전 앞에 나란히 선 두 탑의 모양을 한번 살펴볼까? 석탑이 널리 퍼진 통일 신라 시대에 들어서면 불국사 석가탑처럼 불탑이 3층 형식으로 발전하게 돼. 비례의 효과를 이용한 단순미의 극치를 보여 주지. 석가탑은 2012년 9월 말부터 전면 보수에 들어갔대. 아무리 튼튼한 돌로 만들었더라도 천 년 넘게 비바람을 맞다 보면 탈이 나게 마련인가 봐. 석가탑과 나란히 있는 다보탑도 본 적이 있을 거야. 독특한 양식이 무척 화려하지? 치장을 부리기 좋아했던 통일 신라의 문화가 불탑에도 적용된 거야. 통일 신라의 석공들은 모범생처럼 굴지 않고 이렇게 멋을 부릴 줄도 알았던 모양이야.

경주에 있는 또 다른 절을 찾아가 볼까? 분황사 터에서 남쪽으로 조금 더 가면 황룡사 터가 나와. 황룡사는 신라에서 제일 큰 절이었

황룡사 복원 모형 ◆ 절 가운데의 가장 높은 건물이 황룡사 9층 목탑이다.

황룡사지 ◆ 경주시 구황동에 자리하고 있다. 신라에서 가장 큰 절이었지만 지금은 터만 남아 있다.

어. 진흥왕 때인 553년에 착공했는데 무려 십칠 년 뒤에 완성되었지. 진평왕 때인 584년에 금당을 추가로 지었는데 탑을 제외하고도 삼십 년이란 긴 세월에 걸쳐 진행된 대공사였다고 해. 유명한 황룡사 9층 목탑은 선덕 여왕 때에 세워졌어. 한데 안타깝게도 황룡사는 고려 때 몽골의 침입으로 불타 버렸어. 지금은 절터에 남은 주춧돌 등만 볼 수 있을 뿐이야.

불교 수입 꼴찌 신라와 이차돈의 죽음

신라가 사찰이 별처럼 총총한 불교의 나라가 되기까지는 여러 우여곡절이 있었어. 중국에서 전해진 불교를 먼저 수용한 것은 고구려와 백제였어. 두 나라 모두 불교가 소개될 때 큰 문제 없이 받아들였던 모양이야.

그런데 신라는 사정이 달랐어. 신라에 불교가 처음 들어온 시기를 두고 여러 가설이 있지만 『삼국유사』에 따르면 눌지왕 때 고구려에서 승려 묵호자가 불교를 전하러 왔다고 해. 하지만 묵호자는 굴에서 숨어 지내는 등 '불법 체류자' 취급을 받고 떠나야 했어. 이어 비처왕 때도 아도 화상이 불교를 전해 주려 했지만 사정은 나아지지 않았지. 신자들이 조금씩 생기면서 은밀히 퍼져 나가기 시작했지만 당시 신라에서 불교는 몰래 믿어야 하는 종교였어.

왜 신라에서만 유독 진통이 심했을까. 바로 토착 신앙을 믿고 있던 귀족들의 힘이 워낙 셌기 때문이야. 고구려, 백제와 마찬가지로 신라 역시 여러 부족들이 힘을 합쳐서 세운 나라였어. 그런데 부족들에게는 자신들의 토착 신앙이 있었고, 신라의 귀족이란 각 부족에서 제사 등을 주관했던 부족장들의 후손이었어. 그들은 신라에서도 나라의 제사 등 무속 의식을 관리하면서 힘을 유지했지. 그러니 외국에서 들어온 불교를 싫어할 수밖에. 부처에게 복종해야 하는 불교는 자신들의 기반을 흔들 게 뻔했거든.

한편 왕의 입장은 반대였어. 귀족을 견제하고, 왕권을 강화하기 위해서는 새로운 정신적 토대와 자신을 떠받들 새로운 세력이 필요했거든. 그 해답이 불교였던 거야. 과연 불교의 어떤 면이 왕권 강화에 도움이 됐을까?

불교에는 부처, 보살, 중생 등으로 나뉘는 엄격한 위계질서가 있어. 따라서 현실의 계급에 적용해서 왕이 귀족들을 통치하기에 안성맞춤이었지. 또 '왕은 곧 부처'라는 사상을 이용해 백성들이 왕을 우러러보게 할 수도 있었어. 그래서 대부분의 신라 왕들은 불교를 받아들이고 싶어 했지만 귀족들의 반대로 쉽지 않았지.

불교가 공식적으로 인정받지 못한 채 신라 23대 왕 법흥왕의 시대가 됐어.

법흥왕이 다스리던 때인 527년의 일이야. 법흥왕은 불교를 일으키고 싶었지만 신하들의 강한 반대로 몹시 답답해했어. 어느 날, 이십 대 중반의 이차돈이라는 젊은이가 왕 앞에 나타났어. 하급 관리였는데 몰래 불교를 믿던 이였지.

"전하, 불교를 위해 제 목숨을 사용하소서."

"무슨 소리인가? 하나밖에 없는 목숨이거늘……."

"목숨보다 버리기 어려운 건 없을 터입니다. 하오나 소신이 저녁에 죽어 아침에 불교가 행해진다면 여한이 없을 것입니다."

단호하면서도 진심이 우러나는 표정. 왕은 이 젊은이의 결심을 바꿀 수 없다고 직감했어. 법흥왕은 눈물을 머금고 이차돈의 목을 베라고 명령했어.

이차돈 순교비 ◆ 이차돈을 기리기 위해 사후 290여 년 뒤인 818년에 세워진 비석. 이차돈이 사형당하고 목이 잘린 자리에서 흰 피가 솟구치는 장면을 조각했다. 비석의 아래쪽 파도 무늬는 흔들리는 땅을 표현한 것이다. 국립경주박물관 소장.

"부처가 만일 신령스럽다면 내가 죽을 때 기적이 있으리라."

이차돈은 죽기 전에 이렇게 말했어.

그런데 이차돈의 머리가 베인 자리에서 붉은 피가 아니라 흰 젖이 솟구쳤어. 게다가 하늘이 갑자기 어두워지며 땅이 진동하고 꽃비가 내리기 시작했지. 결국 이차돈의 기적에 감동해서 신라는 불교를 인정하게 되었다고 해.

지금 들려준 이야기는 『삼국유사』에 실려 있어. 실제로는 이차돈이 불교를 반대하는 세력과 논쟁을 벌이다가 죽임을 당했을 것이라는 설도 있지. 어쨌든 이차돈의 죽음은 불교를 발전시키려는 왕들에 의해 더욱 미화되면서 이런 전설 같은 이야기로 변했을 거야. 결과적으로 백성들 사이에서 그를 기리는 마음이 깊어지면서 신라의 불교는 꽃을 피웠고, 나라 또한 크게 발전할 수 있었어.

삼국 통일은 호국 불교의 힘

신라의 불교 공인은 토착 신앙을 기반으로 했던 귀족과의 대결에서 왕이 마침내 승리를 거둔 것이라고 할 수 있어. 고구려, 백제도 일찌감치 왕권 강화를 위해 불교를 받아들였지.

신라의 불교 도입은 고구려나 백제에 비하면 백오십 년 정도 늦었어. 하지만 이차돈의 순교 이후 왕실의 주도 아래 불교가 빠르게 자리 잡았고 많은 사찰이 건립되었어. 법흥왕 때 경주에 처음으로 흥륜사를 착공했는데, 십 년 뒤인 진흥왕 때에 완공되었다고 해.

진흥왕은 6세기에 한강 유역을 정복해서 신라의 전성기를 열었던 왕이야. 신라는 백제, 고구려에 이어 가장 마지막으로 한강 유역의 주인이 되었어. 그 덕분에 서해를 통해 중국과 직접 교류하는 것도 가능해졌지. 정치력이 뛰어났던 진흥왕은 불교 발전에도 열을 올렸어. 신라의 최대 사찰인 황룡사를 그가 세웠다고 앞서 얘기했지? 법흥왕과 진흥왕은 모두 불교에 심취해 나중에는 스스로 스님이 되었다고 해.

신라의 불교는 고구려, 백제와 달리 국교나 마찬가지였어. 그리고 '나라를 보호하는 불교'라는 의미의 호국 불교로 발전했지. 호국 불교의 특징은 선덕 여왕이 신라의 힘을 과시하기 위해 지은 황룡사 9층 목탑을 보면 잘 알 수 있어. 탑의 각 층은 신라 주변의 나라들을 상징하고, 신라인들은 탑이 그들의 침략을 막아 준다고 굳게 믿었어.

신라는 삼국 중에서도 발전이 가장 늦은 나라였어. 그랬던 신라가 마침내 삼국 통일의 주인공이 될 수 있었던 데는 불교의 힘이 중요하게 작용했지. 불교가 나라를 지켜 줄 것이라 굳게 믿었던 신라인들이 뭘 두려워했겠니? 종교의 힘은 그래서 무서운 거야.

왕의 힘을 키우기 위한 세 가지 조치

고구려, 백제, 신라가 고대 국가로 발전하는 과정에서 왕권을 강화하기 위해 취한 제도는 크게 세 가지다. 율령을 반포하고, 고등 교육 기관을 세우고, 불교를 받아들인 것이다.

율령은 형벌에 관한 규정과 행정에 관한 규정을 합친 문서를 뜻한다. 이렇게 글로 적은 성문법이 갖춰지면 통치자의 기분이나 사정에 따라 범죄에 대한 처벌을 달리하는 걸 막을 수 있다. 즉, 통치 기준이 마련되면서 왕권을 합법적으로 시행하고 통일된 법으로 국가를 다스릴 수 있게 되는 것이다.

또 고구려의 태학 같은 고등 교육 기관을 세우면서 국가 운영에 도움이 되는 관료들을 길러 낼 수 있게 되었다. 점점 복잡해지는 행정 체계를 담당할 인재를 키우게 된 것이다. 국가에서 인재의 육성을 관리하니 부족장의 힘을 견제하고 왕권을 강화하는 데도 도움이 되었다. 태학은 우리나라에서 최초로 설립된 고등 교육 기관으로, 신라는 7세기에야 국학*을 설립했다.

마지막으로 불교의 수용으로 여러 토속 신앙을 믿던 백성들이 하나의 종교를 통해 서로 유대감을 갖게 되면서 통치하기가 쉬워졌다. 특히 '왕은 곧 부처'라는 불교의 사상은 왕의 통치에 많은 도움이 되었다. 그렇기에 고구려, 백제, 신라가 언제 율령을 반포하고 고등 교육 기관을 설립했는지, 그리고 불교는 언제 받아들였는지를 아는 것은 삼국이 각각 언제 힘이 세졌는지를 파악하는 중요한 열쇠라 할 수 있다.

....

• 국학(國學) 682년 설립된 국학의 명칭은 747년 태학감을 거쳐, 776년 다시 국학으로 변경되었다.

6

고려의 불상은
멋없이
크기만 하다고?

개국의 주역
호족 이야기

"우와, 어마어마하네."

"이 방이 꽉 찬다, 꽉 차."

어느 여름, 국립중앙박물관 불교조각실에 갔을 때였어. 중학생 둘이서 하는 얘기가 얼핏 들렸는데 고려 시대 철조석가여래좌상을 보고 하는 말이었어.

놀랄 만도 했지. 쇠로 만든 이 불상은 높이가 자그마치 2.9미터니까. 그것도 앉은키가 그 정도니 불상의 거대함을 짐작할 수 있을 거야. 무게도 6.2톤이나 돼. 우리나라 철조 불상 중에 가장 큰 이 철조석가여래좌상은 1911년에 당시의 경기도 광주군 하사창리 절터에서 옮겨 왔어.

석굴암 본존불상 ◆ 국보 제24호인 경주 석굴암을 대표하는 불상. 통일 신라 시대 불상의 세련미를 대표한다. 문화재청 제공.

고려 전기에 유행한 거구의 불상들

하사창동 철조석가여래좌상은 얼핏 통일 신라 시대에 만들어진 석굴암 본존불상과 닮아 보여. 하지만 표정이 아주 딱딱해서 석굴암 본존불상의 귀족적인 세련미는 느껴지지 않아. 보물 제332호로 지정된 이 철불은 워낙 큰 덩치 탓

하남 하사창동 철조석가여래 좌상 ◆ 보물 제332호. 통일 신라 시대 불상과 달리 세련미는 보이지 않는다. 국립중앙박물관 소장.

에 옮길 때마다 애를 먹었어. 2004년에 국
립고궁박물관에서 현재의 국립중앙박물
관으로 옮겼는데 두꺼운 콘크리트 벽과 천
장을 뜯어내고 크레인과 트레일러까지 동원했
대. 당시 신문에 날 정도로 화제가 되었지.

고려 전기의 불상들은 이처럼 하나같이
거대했어. 야외에 두었던 석조불상이나, 자연
속 바위에 새긴 마애불은 더욱 덩치가 컸지.

논산 관촉사 석조미륵보살입상을 살펴볼
까. 교과서에서 자주 봤을 거야. 고려 4대
왕 광종 때 조성되었다고 전해지는데 혜명
스님과 석공들이 아주 큰 돌을 써서 무려 삼
십칠 년이나 걸려서 완성했대. 정말 거구이
기도 하지만 생김새도 아주 투박해. 높이가
약 18미터로 우리나라에서 가장 큰 불상이
야. 그런데 세 살배기 아이처럼 몸집에 비
해 얼굴이 너무 큰 가분수야. 그래, '얼큰
이 불상'이지.

논산 관촉사 석조미륵보살입상 ◆ 문화재청 제공.

못난이들의 경연 대회?

고려 불상의 '장대 투박'한 특
징은 당시의 다른 마애불에서

안동 이천동 마애여래입상 ◆ 김훈래 제공.

도 나타나. 고려 초기 마애불의 백미는 이런 거대한 크기에 있어.

앞서 마애불이 바위에 새긴 불상이라는 건 설명했지? 안동 이천동 마애여래입상, 제천 덕주사 마애여래입상, 이천 영월암 마애여래입상, 천안 삼태리 마애여래입상 등은 모두 크기가 7~12미터로 고려 전기 불상의 거대화 경향을 보여 줘.

안동 이천동 마애여래입상은 아이디어가 재미있어. 거대한 암벽에 신체를 새기고, 머리는 따로 만들어서 몸 위에 올려놓았거든. 옷의 주름은 바위에 선을 죽죽 그어서 표현했는데 투박하면서도 단순한 맛이 있어. 얼굴은 꾹 다문 입매 덕분인지 늠름하고 굳세 보여. 불상의 머리 부분을 따로 만들어서 합치는 이런 양식이 당시에 유행했나 봐. 논산 상도리 마애불, 파주 용미리 마애이불입상 등이 그

파주 용미리 마애이불입상

제천 덕주사 마애여래입상

예야.

　제작 시기를 놓고 논란이 있는 파주 용미리 마애이불입상은 생김새가 다른 두 개의 머리를 암벽 위에 올려놓아 마치 부부를 보는 듯해. 왼쪽은 머리에 둥근 갓, 오른쪽은 네모난 갓을 썼어. 누가 아내 같고, 누가 남편 같니? 아무래도 왼쪽 불상의 인상이 강건한 게 남편 같아. 이런 마애불들을 통해 자연의 바위를 이용하던 고려 사람들의 지혜를 엿볼 수 있어.

　이에 비해 암벽 전체에 불상을 새긴 제천 덕주사 마애여래입상은 요즘 기준으로 좀 못생겼다고 할까? 덕주사는 신라의 마지막 왕자였던 마의 태자의 누이 덕주 공주가 세운 절로 알려져 있어. 덕주사 동쪽 암벽에 새겨져 있는 마애불의 생김새는 퉁퉁한 얼굴에 가는 실눈, 두툼한 입술, 그리고 주먹코까지 좀 촌스러워. 게다가 몸집도 아주 퉁퉁해. 선으로 표현된 옷 주름 역시 생동감이 떨어지지. 좌우로 벌린 발은 지나치게 크고 발가락도 길쭉길쭉해.

앞서 말한 불상들처럼 고려 초기 마애불은 시골 아저씨같이 평범하기도 하고 심지어 못나기도 해. 통일 신라 시대의 석굴암 본존불 상처럼 잘생긴 외모, 균형 잡힌 몸매, 그리고 이상적인 모습에서 느껴지는 권위 등 귀족 같은 세련미와는 거리가 멀어. 그런데 이 불상들을 보다 보면 거대한 덩치와 기괴한 모습에서 괴력이 뿜어져 나올 것 같지 않니? 꼭 신통력을 발휘할 것 같단 말이야.

골품제를 엎고 새 세상을 꿈꾼 호족들

못생겨도 당당한 위용을 자랑하는 고려 전기 불상의 특징은 어디에서 비롯된 걸까. 이를 알기 위해서는 고려 전기의 사회를 살펴봐야 해.

앞서 말한 고려 전기 불상들은 경기도, 충청도, 경상북도 등 우리나라 중부 지역에 집중되어 있어. 신라의 수도 경주도 아니고 고려의 수도 개성도 아니야. 대체 왜 지방에 이렇게 거대한 불상들이 만들어진 걸까?

그 이유는 바로 통일 신라 말기와 고려 초기에 사회 변혁의 주역이었던 지방 호족들과 관련이 있어. 호족들은 골품제의 나라 신라를 뒤엎고, 태조 왕건을 도와 고려를 건국한 주역이야.

삼국을 통일한 신라는 태평성대를 누렸지만 백여 년이 흐르면서 '병든 나라'가 되었어. 선덕왕이 혜공왕을 살해하고 즉위하면서 통일 신라는 내리막길을 걷기 시작해. 귀족들 사이에서 왕위 다툼이 치열해지는 바람에 이후 155년 동안 왕이 20명이나 나왔거든. 왕은 허수아비 같은 존재가 되어 버렸지.

나라 꼴이 말이 아니게 되면서 백성들의 삶도 힘들어졌어. 지방에 어마어마한 토지를 갖고 있던 진골 귀족들은 백성들을 부리며 가혹하게 수탈했어. 게다가 가뭄, 홍수, 태풍 등 자연재해가 계속해서 일어났고, 전염병까지 창궐하면서 백성들의 삶은 갈수록 팍팍해졌지. 급기야 통일 신라 말기에는 전국적인 농민 봉기가 일어나기도 했어.

이런 혼란과 불안의 시기에 등장한 세력이 지방 호족들이야. 호족 중에는 원래부터 지방에서 살던 촌주 출신도 있었지만, 골품제 때문에 출세가 막혀서 낙향한 육두품 출신의 벼슬아치나 권력 싸움에서 밀려난 귀족들도 많았어. 이들은 성주나 장군을 자처했어. 게다가 자신의 세력권에 있는 농민들로부터 세금도 거두었지. 중앙 정부만이 할 수 있던 세금 징수까지 할 정도였으니 이들의 힘이 얼마나 셌는지 짐작할 수 있을 거야.

세상이 바뀌기를 열망했던 호족들은 선종 불교를 믿었어. 귀족들이 믿었던 교종 불교가 어려운 교리 위주였던 것과 달리, 선종 불교는 참선을 통해 누구나 부처가 될 수 있다고 가르쳤어. 신라에 저항해 독자적으로 성장하려는 호족들에게 안성맞춤인 가르침이었지.

불상에서 보이는 호족들의 자부심

고려를 세운 왕건은 후삼국을 통일하려면 호족들의 도움이 필요하다는 걸 잘 알았어. 그래서 호족들에게 자신의 성인 왕씨를 하사하고, 그들의 딸들과 결혼했지. 왕건의 왕비가 29명이나 되었다는 일화를 들어 본 적이 있을 거야. 그래서였는지 고려 초기에는 호족들의 힘이 왕권을 압도할 정도였다고 해.

그런데 호족들의 권력이 불상과 무슨 상관이 있느냐고? 호족과 고려 전기 불상의 관계에 대해서는 여러 가지 설이 있어. 고려 전기 석불은 충청도에 유난히 많아. 충청도의 호족들은 후백제의 견훤을 도와 끝까지 왕건에게 저항했는데, 그 탓에 고려 건국 이후에도 차별을 받았을 거야. 그래서 충청 지역 호족들이 거대한 석불을 조성해서 자신들의 수호신으로 삼았을 거라 추측하기도 해.

호족들이 자신의 세력을 과시하기 위해 근거지에 불상을 조성했을 거라는 설도 있어. 왕건 때 왕비를 배출할 정도로 강력했던 호족인 충주 유씨, 광주 왕씨의 연고지에 있는 거대한 석불과 철불이 그 증거야. 이들은 자신과 불상을 일체화해서 백성들의 믿음을 얻으려고 했을 거야.

어쨌든 사람들을 압도하는 벼랑이나 바위가 주는 웅장함은 고려 초기 호족의 위세를 느끼게 해 줘. 거대한 불상이야말로 신흥 국가의 기운과 활력이 녹아 있는 예술품인 것이지. 비록 통일 신라 때 귀족들이 후원했던 불상 같은 세련미는 없지만, 힘이 넘치는 대장부 같은 고려의 불상에서 무예를 단련한 호족이 떠오르지 않니?

신라의 신분제, 골품

골품은 왕족을 대상으로 한 골제(성골, 진골)와 일반인을 대상으로 한 두품(육두품~일두품)을 통틀어 일컫는 말이다. 신라는 골품제를 바탕으로 한 신분제가 강력한 나라였다. 왕이 될 수 있는 자격은 성골 혹은 진골에게만 있었다. 성골의 대가 끊어진 후에는 진골에서만 왕이 나왔고, 장관이나 장군 같은 중앙 정부의 요직 역시 진골 출신들이 독점했다.

진골 아래 여섯 개 두품은 상하 두 계급으로 구별된다. 육두품, 오두품, 사두품은 관료가 될 수 있는 상위 두품이자 하위 귀족이었고, 삼두품, 이두품, 일두품은 관료가 될 수 없는 하위 두품이자 평민이었다.

두품에 따라 직업과 승진이 제한되었고, 결혼할 수 있는 집안과 집의 크기, 의복, 우마차의 장식까지도 차별을 두었다. 골품제에 가장 불만을 품었던 세력은 육두품이었다. 아무리 능력이 뛰어나도 차관 정도가 승진할 수 있는 최고 지위였기에 육두품 계층은 아예 출세를 포기하고 학자나 승려가 되는 경우가 많았다. 아니면 지방으로 내려가 호족으로 성장하기도 했다.

7 고려청자
탄생의
비화

광종의
세계화 정책

고려청자는 송나라 청자를 모방했다. 그런데 근년 들어 그 제작 기술이 더 정교해지고 색이 좋아졌다. 고려인들은 이 푸른색을 비색이라 하는데 매우 아름답다.

인종이 즉위한 이듬해인 1123년에 송나라에서 고려에 사신으로 왔던 서긍은 고려청자를 보고 이렇게 감탄했어. 그가 한 달간 개경에 머물며 보고 들은 걸 기록한 『고려도경』에 나오는 구절이란다.

비로소 고려청자의 '청출어람'을 인정받은 순간이라 할 수 있어. 청출어람(靑出於藍)은 '푸른색은 쪽빛에서 나왔지만 쪽빛보다 더 푸르다.'라는 말이야. 즉 제자가 스승보다 낫다는 뜻이지. 맞아, 청자는 중국에서 배워 온 기술이야. 그렇지만 12세기 들어 종주국으로부터 독자성을 인정받을 정도로 우수해진 거야.

청자 석류 모양 주전자 ◆ 네 개의 석류가 맞대고 있는 듯한 특이한 모양의 청자. 고려청자의 예술성을 보여 주는 대표적인 작품이다. 국립중앙박물관 소장.

고려인들은 비색에 대한 자긍심이 대단했어. 무수한 실험과 실패를 통해서 만들어 낸 푸른색을 고려인들은 비색(翡色)이라고 불렀는데 비취옥같이 푸르다는 뜻에서 비취옥의 비(翡) 자를 쓴거야. 비밀스러운 색을 뜻하는 중국의 비색(祕色)과 차별화한 것이지. 비색은 고려인들이 고려청자에 자긍심을 담아 붙인 브랜드인 셈이야.

고려청자 유래의 비밀을 풀어라

중국 저장 성 북부에는 동양 최고의 도자기 가마인 월주요가 있어. 전국 시대*에 이 지방을 '월국'이라 부른 데서 유래한 이름이지. 월주요는 중국 청자의 요람이야. 이곳에서는 기원전 한나라 때부터 청자를 만들었어. 당나라를 거쳐 송나라에 접어들면서 기술이 절정에 달했지. 그러면 한반

•••••••••••••••••••••••••••

• 전국 시대(戰國 時代) 중국 역사에서 기원전 403년부터 여러 나라들이 패권을 다툰 이백여 년간을 뜻한다. 학문, 경제 등 많은 분야에서 발전이 이루어지기도 했다.

도에서는 언제부터 청자가 만들어졌을까?

처음엔 중국 청자를 수입해서 사용했어. 삼국 시대의 귀족들은 요즘 부자들이 수입 명품 가방을 쓰는 것처럼 물 건너온 비싼 중국 청자 찻잔을 사용했지. 특히 통일 신라 말기부터 차가 유행하면서 청자 찻잔에 대한 수요가 폭발적으로 늘어났어.

많은 학자들이 우리나라에서 청자가 만들어지기 시작한 때를 알아내려 했지만 풀기 어려운 숙제였어. 청자의 제작 시기와 관련된 기록이 남아 있지 않았거든. 하지만 방법이 전혀 없지는 않았어. 바로 땅속을 파 보는 거였지. 학자들은 고려 시대 가마터로 보이는 곳을 발굴해서 가마 모양을 꼼꼼히 살폈어. 수천 개의 청자 조각, 유약 상태, 깨진 단면, 그릇의 바닥 등을 관찰하고 비교했지.

그렇게 해서 추정한 청자의 제작 시기를 놓고 여러 설이 분분해. 통일 신라 말기인 9세기에 중국 청자를 보고 직접 제작했다는 설부터 고려 초기인 10세기에 중국 장인으로부터 기술을 전수받아 만들었다는 설까지 다양하지.

9세기 설이 먼저 나왔어. 통일 신라 때 청해진을 무대로 해상 무역을 한 장보고가 중국의 고급 청자를 다량으로 수입했을 테니, 이를 보고 국내

중국 월주요 비색 청자 ◆ 월주요에서 만든 비색 청자는 고려청자와 비교해 색이 묵직하고 불투명하다. 국립중앙박물관 소장.

순화4년명 항아리 ◆ 고려청자가 처음 만들어진 시기에 대한 결정적인 단서를 준 항아리. 바닥에 새겨진 도공들의 이름 때문에 당시 중국에서 귀화한 이들이 고려에서 청자를 만들지 않았을까 추측한다. 이화여자대학교 박물관 소장.

도공들이 만들었을 거라는 주장이야. 청해진에서 멀지 않은 전남 강진의 도자기 가마터에서 당시 중국에서 유행했던 양식과 비슷한 청자가 발견되었다는 것을 근거로 들지. 강진의 가마에서는 대접과 접시 등 생활 용기를 만들기도 했는데, 그중에 청자 대접의 형태와 그릇 바닥의 굽 모양이 월주요 청자 대접과 거의 같다고 해.

한데 고려청자 시작에 대한 단서를 주는 귀중한 청자가 북한에서 발굴되었어. 1991년, 황해남도 배천군 원산리 가마터에서 청자로 만든 제사 그릇이 나왔어. 그런데 그 그릇에 '순화(淳化) 3년'이라고 새겨져 있었던 거야. '순화 4년'이라고 적힌 항아리도 발견되었지.

'순화 3년', '순화 4년'은 각각 서기 992년, 993년을 뜻해. 이곳에서 발굴된 도자기들에는 '왕공탁', '최길회' 외에 이씨, 심씨 성을 가진 장인들의 이름이 적혀 있었어. 도자기에 도공 이름을 적은 것은 아주 특이한 경우라고 해.

배천군 원산리의 가마는 벽돌을 쌓아서 만든 중국식 벽돌 가마야. 우리나라 가마의 초기 형태이기도 해. 경기도의 가마터에서 진흙 가마보다 땅속 깊숙이 벽돌 가마가 있는 게 확인됐거든. 벽돌 가마가 더 오래되었다는 뜻이지. 처음에는 중국의 가마를 본떠서 쓰다가 우리나라 기후에 맞지 않자 진흙을 써서 가마를 만들었을 거라고 추측해. 우리나라는 중국의 저장 성과 달리 날씨가 추워서 벽돌 가마가 잘 깨지거든.

강진 가마터 ◆ 고려청자의 초창기에는 개성 주변에서 청자가 만들어졌지만 나중에는 강진으로 가마가 옮겨 갔다. 강진은 지금도 대표적인 청자의 고장이다.

그런데 흔히 청자의 고장으로 알려진 전남 강진에서 발견된 가마는 모두 진흙 가마야. 그러니까 고려청자는 전남 강진보다 이전에 개성과 가까운 경기도 일대에서 만들어졌던 거야. 배천군 원산리 가마는 고려의 수도였던 개성과 20킬로미터 떨어져 있어. 차로 이십 분이면 갈 수 있는 가까운 거리이지.

아직도 고려청자가 언제부터 만들어졌는지 정확하게는 몰라. 하지만 순화 청자가 발굴된 이후로는 고려 초기인 10세기에 경기도 지방에서 청자가 만들어졌을 거라는 쪽으로 의견이 모이고 있어.

재미있게도 10세기 후반 설을 주장하는 학자들은 고려의 4대 임금인 광종 때를 청자가 만들어지기 시작한 시기로 추정하고 있어. 시흥 방산동 가마터에서 광종이 다스리던 때인 974년을 뜻하는 문자가 새겨진 청자 뚜껑이 발견되었거든. 당시 고려의 정황을 고려해 보면 더욱 가능성이 높다는 거야.

중국의 장인을 스카우트하라

과연 광종 때 고려에는 무슨 일이 있었을까.

광종이 고려를 통치하던 시절, 중국은 엄청난 혼란기였어. 당나라가 무너지고 송나라가 천하를 통일하기까지 오십여 년 동안 무수히 많은 작은 나라가 생겼다가 사라졌지. 역사에선 이 나라들을 '오대십국'이라 불러. 이 시기에 월주요를 장악한 나라는 오대십국 중 오월국이었어. 오월국의 왕은 청자로 엄청난 부를 쌓았기 때문에 청자 제작 기술이 나라 밖으로 유출되지 않도록 보안에 철저히 신경 썼어. 이 탓에 월주요의 청자 제작 기술은 새어 나가지 않았지.

한데 오월국이 망하면서 사정이 180도 달라졌어. 다른 나라들이 기회를 놓칠세라 월주요의 장인들을 영입하기 시작한 거야. 고려의 광종도 이런 상황을 그냥 두고 보지는 않았겠지. 광종은 개방적이라 중국의 선진 문물에 관심이 아주 많았거든. 광종은 재주 있는 중국인들을 적극적으로 받아들여서 고려 초기의 문물을 정비했던 것으로 유명해. 그런 광종이었으니 후한 대접을 약속하고 월주요의 장인들을 데려오지 않았을까?

배천군 원산리에서 발굴된 청자에 새겨진 왕공탁, 최길회, 심씨, 이씨 등의 장인들은 오월국에서 건너온 사람들일 거야. 왜냐하면 고려 시대에 평민들은 성을 사용하지 않았거든. 월주요에도 이씨, 왕씨 등의 성을 가진 도공들이 있었다고 하니 월주요 출신 도공들이었을 가능성이 높아 보여.

고려에 온 월주요 장인들은 개성 주변에 도자기를 제작할 만한 곳이 있는지 찾아 나섰을 거야. 그리고 흙을 구하기 좋은 곳에 중국식 벽돌 가마를 만들고 고려의 장인들에게 기술을 전수했겠지.

외국인이 넘쳐 났던 광종의 고려

광종의 시대, 고려 수도 개성에는 외국인들이 많았어. 그 대표적인 사람이 오대십국 중 하나인 후주에서 건너와 고려에 과거제를 도입한 쌍기야.

과거제는 광종이 호족의 힘을 누르기 위해 실시한 두 가지 정책 중 하나야. 호족은 태조 왕건 이래 왕실의 골칫거리였어. 호족들은 왕건을 도와 고려를 건설했지만, 힘이 너무 세진 탓에 왕권을 위협했거든. 왕건의 넷째 아들인 광종은 부친도 풀지 못한 고민이었던 호족 제압을 '노비안검법'과 '과거제'라는 두 가지 수단을 통해서 단번에 해결했어.

노비안검법은 일종의 노비 해방법이야. 956년에 노비들의 실태를 파악해서 억울하게 노비가 된 양인들을 풀어 주었지. 그리고 이 년 뒤에 실시한 과거제는 호족들의 중앙 정계 진출을 어렵게 했어. 호족들은 대체로 무인 출신이라 학문은 상대적으로 취약했거든. 과거제 덕에 비로소 연줄이 아닌 능력대로 인재를 등용하게 된 거야. 그리고 과거제를 처음 제안한 사람이 바로 중국에서 건너온 쌍기였어.

쌍기는 광종이 즉위할 무렵에 중국에서 사신을 따라 고려로 왔어. 그런데 병에 걸려 귀국하지 못하고 고려에 남게 되었지. 쌍기의 재주를 눈여겨본 광종은 그를 관료로 발탁했어. 광종의 신임이 두터워지자 쌍기는 더 많은 중국인을 고려로 불렀어. 쌍기의 아버지 쌍철 역시 중국에서의 관직을 포기하고 고려로 건너왔지. 그 외에도 채인범 같은 재주 있는 중국인들이 귀화했어.

광종이 귀화한 중국인들을 얼마나 후하게 대접했는지, 다른 신하들이 반발할 정도였어. 멀쩡한 신하의 집을 빼앗아 중국인에게 주었으니 원성이 나올 만했지. 또 고려 처녀를 골라 혼인까지 시켜 주었다고 해.

이렇듯 광종 때 중국인의 귀화가 활발했으니, 비록 기록은 남아 있지 않지만 월주요의 도자기 장인들도 귀화한 중국인들이 아닐까 추측해 보는 거야.

요즘 우리나라에도 세계 각국에서 귀화하는 사람들이 늘어나고 있어. 그들은 각자 자기 분야에서 중요한 역할을 하는 경우가 많아. 광종은 이처럼 다양성이 존중받고 인정받는 시대를 천 년이나 먼저 이끌어 냈던 셈이야. 세계적으로 우수성을 인정받는 고려청자도, 합리적인 인재 등용 제도인 과거제도 개방을 두려워하지 않는 광종의 성격 덕에 빛을 발한 거야.

한 토막
역사 상식
7

고려의 관료

고려의 관료는 문반과 무반으로 구분되었다. 문반 관료가 되는 길은 여러 가지가 있었는데 쌍기가 건의한 과거제 외에도 음서가 있었다. 음서를 통하면 명문가의 자제들은 과거를 보지 않고도 관리가 될 수 있었다.

관료의 서열인 품계는 정1품부터 종9품까지 18품계가 있었다. 하지만 품계를 받았다고 해서 무조건 관료가 되는 것은 아니었다. 관직을 주어야 할 사람은 많았으나 자리는 많지 않았기 때문이다. 과거 합격자가 실제 벼슬을 얻기까지 이삼십 년이 걸리기도 했다. 천재 문인 이규보도 23세에 과거에 급제했지만 십팔 년이 지나서야 관료가 될 수 있었다.

관료들은 보수로 땅과 현물 두 가지를 받았다. 땅을 주는 것을 전시과라고 하는데 농사를 지을 수 있는 전지와 땔나무를 베어 낼 수 있는 시지 두 종류가 있었다. 하지만 엄밀히 말해서 전시과는 땅 자체를 받는 것이 아니라 그 땅에서 나오는 수확물을 일부 가질 수 있는 것이었다. 현물로는 녹봉이라고 해서 쌀, 보리 등의 곡물이 지급되었고 경우에 따라서 베나 비단을 주기도 했다.

하지만 관리가 전시과와 녹봉으로만 생활하는 것은 쉬운 일이 아니었다. 그래서 부정부패를 저질러 재산을 모으는 관리들이 생겨났다.

8 가족 잃은 슬픔,
알알이
포도에 담다

청자 무늬로
보는
고려 백성의 소원

고려청자의 무늬를 눈여겨본 적이 있니? 생각보다 정말 다양해서 놀랄 거야. 구름, 학, 버드나무, 포도, 국화, 연꽃, 모란, 덩굴은 물론이고 글을 새긴 도자기도 있어.

　고려청자는 통일 신라 말기인 9세기 중후반 또는 고려 초기인 10세기 후반부터 제작되기 시작해서, 고려가 멸망한 14세기 말까지 수백 년 동안 인기를 끌었어. 고려와 흥망성쇠를 같이한 셈이지.

　그런데 고려청자의 무늬에도 유행이 있었어. 요즘으로 치면 대중가요에서 1970년대는 통기타 음악, 1980년대는 운동 가요, 1990년대는 랩 음악, 2000년대는 아이돌 음악 등이 차례대로 인기를 얻은 것과 비슷하지. 이처럼 고려청자에 어떤 무늬가 무슨 이유로 유행했는지 살펴보면 고려의 역사 또한 유추해 볼 수 있어.

거란의 침입, 비색 청자의 강진 시대를 열다

오늘날 청자의 고장으로 유명한 전남 강진은 비색 청자가 탄생한 곳이야. 언제부터 강진에서 청자가 만들어졌을까? 앞서 청자는 개성을 비롯한 경기도 일대에서 만들어지기 시작했을 거라고 했지?

도자기 가마가 강진으로 옮겨 간 것은 거란의 침입과 관련이 있다고 해. 태조 왕건이 북진 정책을 유언으로 남겼던 만큼, 고려는 북쪽에 자리 잡고 있던 거란과 충돌이 불가피했어.

거란은 993년부터 약 삼십 년 동안 세 차례에 걸쳐 집요하게 고려를 침입했어. 특히 1010년에 고려에서 강조의 정변*이 일어나자, 강조의 죄를 묻는다며 쳐들어왔던 2차 침입은 기세가 대단했어. 현종이 개성을 버리고 전라도 나주까지 피란해야 할 지경이었으니 상상이 되지?

임금이 나주에 머무는 동안에도 왕실에서 사용할 그릇은 필요했어. 그래서 도자기 가마가 강진과 고창에 새로 만들어진 거야. 이후 송나라의 선진 문물을 적극적으로 수용했던 11대 문종과 16대 예종을 거치며 고려청자의 제작 기술은 급격히 발전해.

문종은 신하들의 반대에도 불구하고, 거란의 눈치를 보느라 단절했던 송나라와의 외교를 재개할 정도로 문물 유입에 적극적이었어.

• 강조의 정변 고려 시대 강조가 목종을 퇴위시키고 현종을 즉위시킨 사건.

그리고 이런 분위기는 문종이 죽고 이십여 년 뒤에 즉위한 예종에게도 이어졌어.

예종이 다스렸을 때 고려는 정치가 안정되고 유학이 발전했어. 예종도 문종처럼 송나라 문화를 흠모했던 왕이지. 청자 역시 마찬가지였던 모양이야. 일단 중국의 청자에 대해서 간단하게 설명할게. 중국의 청자는 송나라 때인 10세기에 접어들면서 완벽한 수준으로 올라서게 돼. 청자의 짙은 연둣빛을 중국에서는 궁중에서만 사용하는 비밀스러운 빛깔이라는 뜻으로 비색이라고 했어. 앞서 얘기했지? 송나라 비색 청자는 무늬가 없거나 무늬를 넣더라도 아주 가느다랗게 넣었어.

예종은 송나라의 청자 제작 기술을 고려의 것으로 만들려고 애썼을 거야. 강진의 가마를 왕실 가마로 삼아서 전폭적인 지원을 아끼지 않았을 것이라고 짐작하는 학자들도 있어.

이런 지원과 노력 덕분인지 앞서 봤던 『고려도경』의 구절처럼 예종을 이어 즉위한 인종 때는 송나라의 사신으로부터 고려청자의 우수성을 인정받았어. 당시 송나라는 휘종이 나라를 다스리며 문화를 꽃피우고 있었어. 나라가 관리하던 여요에서 만든 도자기는 청자 중에서도 질이 우수하기로 유명하지. 그런데도 그 무렵 송나라 대학자 태평노인은 『수중금』이라는 책에서 '고려청자의 비색이 천하제일'이라고 했어. 청자의 원조인 중국으로부터 기술력과 예술성을 인정받았으니 고려의 비색 청자가 얼마나 우수했는지 다른 말이 필요 없을 거야.

1 버드나무 ◆ 청자 버들 갈대 물새 무늬 매병. 국립중앙박물관 소장.
2 국화 ◆ 청자 국화 무늬 잔과 받침. 국립중앙박물관 소장.
3 모란과 덩굴 ◆ 청자 모란 덩굴 무늬 조롱박 모양 주전자. 국보 제116호. 국립중앙박물관 소장.
4 연꽃 ◆ 청자 연꽃 덩굴 무늬 매병. 국보 제97호. 국립중앙박물관 소장.

5 대나무와 물새 ◆ 청자 매화 대나무 버들 물새 무늬 표주박 모양 주전자. 국립중앙박물관 소장.
6 구름과 학 ◆ 청자 구름 학 국화 무늬 주전자. 호림박물관 소장.
7 소나무와 인물 ◆ 청자 소나무 인물 무늬 매병. 국립중앙박물관 소장.
8 모란 ◆ 청자 모란 무늬 항아리. 국보 제98호. 국립중앙박물관 소장.

청자 참외 모양 병 ◆ 국보 제94호. 고려청자의 절정기 인 12세기 초에 만들어진 병이다. 당시 송나라에서도 극찬했던 고려청자 특유의 비색이 잘 드러나 있다. 국 립중앙박물관 소장.

고려의 절정기 비색 청자는 송나라 것 과는 색이 달라. 한자도 다른 글자를 쓴다 고 했지? 고려의 비색 청자는 유약의 녹색이 비 취옥같이 맑고 은은해. 반면에 송나라 청자는 맑은 맛이 덜해서 도자기에 가느다란 무늬 를 넣어도 잘 보이지 않아. 고려청자의 비 색이 계곡을 흐르는 맑은 물 같다면 송나 라의 비색은 깊은 웅덩이의 물 같다고나 할까. 이런 차이는 도자기에 바르는 유약 의 성분이 달라서 생긴다고 해. 남의 기술을 보고 배웠지만 고려인의 감성에 맞도록 갈고 닦아 개발한 것이 바로 고려청자의 비색이 야. 인종의 무덤인 장릉에서 나온 청자 참외 모양 병은 고려청자의 아름다움을 대표하는 국보니까 실물을 직접 찾아 본다면 좋겠어.

비색 청자의 은은하면서도 기품 있는 느 낌, 고아한 문인들이 연상되지 않니? 비색 청 자는 바로 고려 문인 귀족들의 취향에 딱 맞는 예술품이었어.

부귀영화부터 임금의 취향까지

고려청자에 무늬가 새겨지기 시 작한 건 12세기 후반이야. 예나 지금이나 사람들은 부자가 되고 성공하기를 열망하지. 그 바람을 담아 부귀영화를 상징하는 모란이나 덩굴 등을 새겼어.

연못가에 가지를 드리운 수양버들과 수면 위를 가르는 물새를 그린 청자도 있어. 한 폭의 산수화같이 여유로운 무늬들은 고려의 18대 임금인 의종과 관련 있는 걸로 보여.

의종은 어린 시절부터 마음이 나약했지만 오락을 좋아했어. 아버지인 인종이 이를 못마땅히 여겨 태자를 바꾸려 했을 정도였다고 해. 의종은 왕이 되어서도 술잔치를 열어 시를 짓고 즐기는 일이 잦았어. 또 연못을 좋아해서 연못가에 정자를 짓고 놀기를 좋아했지. 연못 만들기 좋은 자리라고 민가 오십여 채를 밀어낸 다음 연못을 만들고 정자로 꾸몄다는 일화도 있어. 정자의 기와에 값비싼 청자를 사용했다고도 하지. 풍류를 즐기는 의종의 취향 때문에 청자에 연못이 그려진 게 아닐까?

무신 정권의 칼날 아래서 꽃핀 상감 청자

왕이 문신들과 사흘이 멀다 하고 잔치를 벌이는 사이, 밤새워 이를 호위하고 심부름해야 하는 무신들은 죽을 지경이었어. 문신 귀족들도 무신들이 무식하다며 업신여겼지. 새파랗게 젊은 문관이 아버지의 권세를 믿고 나이 많은 하급 장교의 수염을 불태운 일까지 있었다고 하니, 무신들의 불만은 이만저만이 아니었을 거야.

"지금 문신들은 마음껏 먹고 마시며 놀아 대는데 우리 무신들은 이렇게 주리고 피곤하니 어찌 참아 낼 수 있겠습니까?"

수염이 불태워지는 수모를 당했던 하급 장교 정중부는 자신들의 처지를 이렇게 하소연했어.

결국 의종 때 정중부를 비롯한 무신들이 난을 일으켰고, 이는 곧 백 년간 계속된 무신 정권의 시초가 되었어. 무신 정권 동안 무신들은 왕을 마음대로 바꿀 만큼 힘이 셌지.

그런데 그동안 청자에도 놀라운 변화가 있었어. 바로 고려가 개발한 상감 기법이 화려하게 꽃을 피운 거야.

상감 청자는 의종 때인 1157년 무렵에 등장했어. 진귀하고 화려한 걸 좋아했던 의종을 만족시키기 위해 상감 기법이 개발되지 않았을까? 의종의 사치스러운 취향을 만족시키기 위해 측근들은 화려하고 진귀한 물건을 발견하면 여지없이 왕에게 올렸다고 해. 의종이 얼마나 진귀한 물건에 집착했느냐 하면, 개성 시내의 집들을 뒤져 귀한 물건을 죄 뺏어 가는 통에 원성이 자자했다는 기록도 있어.

어쨌든 상감 기법은 몽골의 침략에 맞서 싸우며 자주성을 강조하던 무신 정권 아래서 더욱 창의적으로 발전했어. 상감 청자를 만드는 과정은 다음과 같아. 먼저 그릇의 표면에 칼로 무늬를 새긴 다음, 그 틈에 색이 다른 흙을 발라서 메워. 흰색을 표현하고 싶으면 흰 흙으로, 검은색을 표현하고 싶으면 붉은 흙으로 메우지. 붉은 흙은 가마 속에서 검은색으로 변하거든. 흙이 마르면 틈 밖에 묻은 흙을 칼로 긁어내고 초벌구이를 해. 마지막으로 유약을 입혀 다시 구워

내면 완성이야.

상감 기법은 중국에도 없는, 고려가 독창적으로 개발한 기법이야. 음각으로만 새긴 무늬는 희미해서 잘 구별되지 않지만 상감 기법으로 만들면 무늬가 도드라져 보이고 아주 화려해.

처음에는 상감 청자가 비색 청자와 함께 쓰였지만 13세기에 들어서는 상감 청자가 완전히 대세가 돼. 이 시기에는 청자의 형태도 양갓집 규수처럼 단아한 모습에서 S자 형태의 풍만한 모습으로 바뀌었어.

이때의 고려청자에는 구름, 학, 들국화, 매화, 거문고를 뜯는 사람 등의 무늬가 유행했어. 왜 이런 무늬가 유행했는지 알려면 당시 문신들의 처지를 살펴봐야 해. 바로 기나긴 무신 정권 동안 소외당하고 좌절했을 문인들 말이야.

무신들이 권력을 잡자 관직의 길이 막힌 많은 문인들이 시골로 내려갔어. 그들은 벼슬을 버리고 낙향하는 심정을 그린 도연명의 시 「귀거래사」를 읊으며 자신들의 처지를 달랬지. 그리고 세상일을 멀리하고 자연과 하나 될 것을 강조하는 도교가 유행했어. 당시 고려청자에 유행했던 무늬들은 자연을 벗 삼아 살려고 했던 문인들의 쓸쓸한 마음을 담은 게 아닐까?

포도 무늬에 담은 작은 소망

'청자 포도 동자 무늬 조롱박 모양 주전자와 받침'을 본 적 있니?

알알이 맺힌 포도가 넝쿨 사이에 주렁주렁
매달려 있는데 탐스럽기 그지없
어. 거기에 포도나무 줄기를 타
고 노는 아이를 보고 있자니 얼마나
흐뭇한지. 이 무늬를 새긴 장인도 분
명 행복해하며 그렸겠지? 그런데 왜
도자기 장인은 주렁주렁 열린 포도
와 아이를 함께 새겼을까?

　바로 13세기 초 삼십 년에 걸쳐
집요하게 고려를 침입했던 몽골
과 관련 있지 않을까 싶어. 몽골
과 칭기즈 칸에 대해 한 번쯤은 들
어 봤을 거야. 분열되어 있던 몽골
족을 통일한 칭기즈 칸이 황제에
오르면서 몽골은 순식간에 강대
한 세력이 되었어. 중국은 물론 러
시아와 서남아시아까지 지배하며
거대한 정복 왕조를 만들었지. 몽

청자 포도 동자 무늬 조롱박 모양 주
전자와 받침 ◆ 몽골과의 전쟁 이후 그
려지기 시작한 포도, 여지 등의 무늬는
다산을 의미한다. 전쟁으로 가족을 잃
은 상처에서 일어나려는 고려 백성들
의 슬픈 희망을 담은 것이라 할 수 있
다. 국립중앙박물관 소장.

골군은 잔인하기로 유명했는데 그들이 지나간 자리에는 먼지밖에
남지 않는다고 했을 정도야.
　고종이 고려를 다스리던 때 몽골은 이십팔 년 동안 여덟 차례나
고려를 침입했어. 왕실은 강화도로 피란 갔고 모든 사람들이 힘을

합쳐 몽골에 맞서 싸웠지. 부처님의 힘을 빌리고자 팔만대장경을 새기기도 했어. 하지만 전 국토를 유린하는 몽골군의 기세는 대단했어. 6차 침입 때는 몽골군이 사로잡은 고려인만 20만 명이 넘었고 죽은 사람의 수는 헤아릴 수 없었다고 해. 몽골 군사들이 마을마다 침입해 약탈과 방화를 일삼았다고 하니 그때의 참상을 짐작할 수 있을 거야.

몽골군에게 처참히 죽임당하거나 살아도 포로가 될 수밖에 없었던 참혹한 현실. 전쟁이 끝났을 때, 사람들은 빨리 비극을 잊고 자식을 많이 낳아 다시 번성하고 싶었을 거야. 알알이 열매가 열린 먹음직스러운 포도는 다산의 상징이야. 상감 청자에 새겨진 포도송이는 전쟁을 겪은 고려인들의 슬픈 소원을 담은 상징이라고 할 수 있지 않을까? 또한 석류와 비슷하게 생긴 중국 과일 여지의 무늬도 유행했는데, 역시 다산을 상징하는 무늬야.

어때? 이런 사정을 생각해 보고 나니 그저 아름답다고만 생각했던 고려청자에 대한 인상이 조금 바뀌지 않니?

한 토막
역사 상식
8

고려청자는 왜 쇠퇴했을까

고려청자는 요즘도 엄청난 가격에 거래되지만 고려 시대에도 왕실과 귀족들이 쓰는 값비싼 용기였다. 사신을 대접하거나 국가 행사가 있을 때 금그릇, 은그릇과 함께 청자 그릇이 쓰였다고 한다. 또 예술적으로도 뛰어나 장식용으로 쓰이기도 했다. 청자 중 '매병'은 모양새에서 알 수 있듯 술병으로 쓰기 위해 만들어진 것이다. 하지만 외관이 아름다워서 매화 가지를 꽂아 두고 감상했기에 매병이라는 이름이 붙었다.

당시 평민들은 주로 구리 그릇을 썼다. 하지만 고려 말기에 접어들면서 이런 상황에 변화가 일기 시작했다. 신분 질서가 흔들려 양반이 늘어남에 따라 청자를 사용하고 싶어 하는 수요가 증가한 것이다. 또 몽골과의 전쟁을 치르며 구리가 부족해지자 조정에서는 구리 그릇이 아닌 도자기를 생활 용기로 쓰도록 장려했다.

이때부터 부쩍 매병 같은 예술품보다는 대접이나 접시 등 생활용 청자가 많아졌다. 청자의 무늬도 복잡한 학이나 봉황 등은 사라지고 선이나 물결 등 단순한 무늬가 많이 쓰였다. 그것도 일일이 그리거나 새기기보다는 무늬를 판 도장을 찍는 인화 기법을 사용해 좀 더 빨리 만들 수 있도록 했다. 가마에서 구울 때도 한꺼번에 많이 만들 수 있도록 도자기를 켜켜이 쌓아서 구웠다. 하지만 대량으로 생산하기 위한 기술 변화 탓에 청자의 질은 점점 떨어지게 되었다.

9 고려의
'피렌체'
개성의 귀족들

불화가 전하는
고려 귀족
이야기

레오나르도 다빈치, 미켈란젤로, 라파엘로……. 이름만 들어도 누군지 알겠지? 바로 르네상스 전성기 때 이탈리아의 3대 화가들이야. 교과서나 책을 통해서 이들의 작품을 많이 봤을 거야.

　이들은 피렌체, 밀라노 같은 이탈리아 도시 국가의 귀족이나 로마 교황청의 후원을 받았어. 행복한 예술가들이었지. 교황이나 귀족의 초상화를 그려 주기도 했고, 그들이 주문한 종교화나 성경에 나오는 인물의 조각상을 제작해서 성당이나 수도원을 장식하기도 했지. 인기 화가였던 만큼 몸값은 요즘의 톱스타가 부럽지 않았어.

　서기 313년 로마의 콘스탄티누스 황제가 그리스도교를 공인한 이후 유럽은 그리스도교 세상이 되었어. 교황과 왕, 귀족과 부자들의 후원으로 곳곳에 대성당이 세워졌지. 성당 안은 성서의 내용을 그린 벽화와 성자들의 조각상으로 장식되었어. 권력자들이 성당을

화려하게 장식함으로써 자신들의 부를 과시한 거야. 그리고 이렇게까지 했으니 죽으면 천국에 갈 거라고들 생각했지. 르네상스의 발상지인 이탈리아 피렌체는 그런 분위기가 절정을 이루었던 곳이야.

불교의 도시 개성, 고려의 피렌체

그런데 고려 때 화가인 서구방과 그의 그림 「수월관음도」는 들어 본 적 있니? 「수월관음도」는 들어 본 것 같은데 서구방은 잘 모르겠다고? 하긴 그에 대한 기록이 거의 없으니 당연하지만 왠지 씁쓸한걸. 자, 지금부터 하는 이야기에 귀를 기울여 줘.

화가 서구방이 살았던 고려의 수도 개성은 르네상스 시대의 피렌체 같은 종교 도시였어. 다만 기독교가 아닌 불교였다는 차이가 있을 뿐이지. 지금도 피렌체 시내를 걸어 다니면 오 분마다 성당을 만날 수 있고, 그 안에는 종교적인 조각과 그림이 가득한데, 당시의 개성도 비슷했어. 심지어 민가보다 절이 많다고 할 정도로 불교의 도시였다고 해. 고려는 태조 왕건 이래 불교를 국교로 삼았던 나라였기에 왕실부터 백성까지 불교가 삶 속에 깊이 뿌리내렸거든.

개성 성안에 절이 민가보다 많았다. 그중에서 건물이 웅장하면서 뛰어난 건 지금도 남아 있다. 고려 시대에 불교 숭상이 얼마나 지극했는지 상상이 간다.

고려가 망하고 조선이 건국된 지 이 년 후인 1394년에 조선의 개국 공신 권근이 개성의 인상에 대해 쓴 글이야. 개성의 곳곳에 우뚝 솟은 누각과 탑들이 무척 많이 있었나 봐.

나중에 연복사로 이름이 바뀐 개성의 광통보제사에는 나무로 만든 5층 탑이 있었는데, 높이가 200척이나 되었대. 1척이 30센티미터 정도라고 하니 200척은 60미터 정도인 거야. 광통보제사는 개성의 내성* 바로 밖의 대로변에 위치해 있었어. 고려 시대 개성의 대로변에 20층 아파트만 한 탑이 압도하듯 서 있는 광경을 상상해 봐. 그건 요즘 파리의 에펠 탑만큼이나 사람들에게 강렬한 인상을 주었을 거야.

왕실과 귀족이 낳은 화려한 고려 불화

고려의 사찰이 장대하고 화려했던 건 왕실과 귀족의 강력한 후원 덕분이었어.

왕실에서는 죽은 왕과 왕비의 조각이나 초상화를 모셔 두고 명복을 빌기 위해 절을 지었어. 나라에서는 이런 절에 경호군을 파견했고, 막대한 논과 밭도 바쳤다고 해. 절의 경제력이 커지자 귀족들 중에는 일부러 아들을 승려로 만드는 경우도 많았대. 물론 귀족들도 사찰 건축을 후원했지. 문종에서 인종까지 7대에 걸쳐 여러 왕비를 배출하면서 세도를 부렸던 인주(인천) 이씨 가문이 대표적이야. 참고로 인종 때 가문의 힘을 믿고 반란을 일으켰던 이자겸이 바로 인주 이씨야.

어쨌든 고려의 절은 귀족과 왕실의 후원 덕에 늘 사람이 넘쳐 났어. 화려한 불상과 탑, 장대한 건물이 있는 절에서 각종 법회가 열렸지. 고승들이 부처의 가르침을 전하거나 참선했고, 일반 백성들도 조상의 명복을 빌었어. 깊은 산중에 자리 잡아 목탁 소리가 고요히

• 내성(內城) 이중으로 쌓은 성에서 안쪽의 성.

퍼지는 요즘의 절과는 영 딴판이지?

화려하기 그지없는 고려 시대의 불화는 그런 분위기를 반영하고 있어. 고려 때의 불화는 대부분 왕실이나 귀족의 후원으로 제작되었거든.

지금까지 전해지는 고려 불화는 13세기 말부터 14세기 말 사이에 제작된 것들이 많아. 그러니까 대몽 항쟁 이후 원나라 간섭기에 그려진 것이지. 이 시기에는 최씨 무신 정권이 무너지고 다시금 문신들이 권력을 잡으면서 귀족 문화가 절정을 이루었어. 문벌 귀족들은 음서제를 통해 과거를 보지 않고도 손쉽게 중앙 정계에 진출했지. 또한 몇몇 권세 있는 가문들은 남의 땅까지 빼앗아 가며 광대한 토지를 독차지하고 막강한 권력을 누렸어. 어떤 귀족들의 땅은 몇 개 고을에 걸칠 정도로 넓었대.

고려 전기와 중기, 왕실과 귀족들은 국가의 안녕과 왕실의 번영을 기원하며 불화, 석탑, 대장경 등의 불교 예술품 제작을 명령하는 경우가 많았어. 거란의 침입 때 만든 초조대장경과 몽골의 침입 때 만든 팔만대장경이 그 대표적인 예야. 하지만 이후로 귀족들의 세력이 커지자 점점 자기 가문의 안정과 번영을 위해서 불화를 제작하는 일이 잦아졌어. 고려 후기에 접어들면서 이런 경향은 더 심해졌지.

어쨌든 고려 불화는 당대 최고의 화가들이 그렸을 거야. 그 수준이 얼마나 높았던지, 원나라의 요구로 불화를 보내 주기도 했고 아예 불화를 그리는 승려 화가들을 원나라에 파견하기도 했대. 원나라 문헌을 보면 고려 불화가 "화려하고 섬세하기 그지없다."라며 칭찬하는 글도 있어.

이탈리아에「성모자상」이 있다면 고려에는「수월관음도」!

서구방이 1323년에 그렸다는「수월관음도」는 달이 휘영청 밝은 가운데 물가 바위에 걸터앉아 깨달음을 구하러 온 동자*를 맞이하는 관음보살을 그린 그림이야. 관음보살은 중생을 고난의 세계에서 안락의 세계로 이끌어 주기에 자비를 상징하는데,「수월관음도」는 바로 관음보살이 산다는 청정한 땅을 배경으로 삼고 있어.

복스러운 얼굴과 풍만한 육체를 자랑하는 관음보살은 화려한 목걸이와 팔찌를 걸치고 머리에는 보석이 달린 관, 즉 보관을 썼어. 보관에는 관음보살의 상징인 작은 부처의 형상을 한 화불이 있지. 무릎 위에 살포시 얹은 관음보살의 손이 참 곱지? 거기에 속이 훤히 비치는 사라*를 걸쳐 우아한 자태를 뽐내고 있지. 그 세련미와 우아함은 고려 시대의 왕족이나 귀족 부녀자를 연상케 해.

서구방보다 십여 년 앞서 김우문(김우라고도 함)이 그린「수월관음도」는 더욱 화려해. 관음보살이 입은 옷 가장자리에 레이스 같은 장

• 동자(童子) 승려가 되려고 절에서 공부하면서 아직 출가하지 않은 사내아이.
• 사라 명주실(絲)로 거칠게 짠 비단.

서구방의 「수월관음도」 ◆ 일본 센오쿠하쿠코칸 소장.

김우문의 「수월관음도」 ◆ 일본 가가미진자 소장.

식이 달려서 아주 화사하거든. 이 관음보살 역시 머리에 화불이 있는 보관을 썼는데 서구방의 그림보다도 한층 화려해. 표정도 서구방의 그림보다 부드러워서 여성성이 물씬 풍겨.

「수월관음도」는 당시 화가들이 많이 그린 그림이야. 하지만 지금 소개한 그림들은 안타깝게도 다 일본에 있어. 지금까지 남아 있는 고려 불화는 160여 점 정도 되는데 대부분이 일본의 사찰과 박물관에 소장되어 있는 상태야. 정식으로 수입해 간 것도 있겠지만, 고려 말과 조선 초에 왜구들이 약탈해 간 것도 적지 않을 거라고들 해.

다른 불화들도 잠깐 살펴볼까? 노영이라는 화가는 1307년에 「아미타팔대보살도」를 그렸어. 「아미타팔대보살도」는 아미타부처와 여덟 명의 보살을 함께 그린 그림으로 국립중앙박물관이 소장하고 있어. 검게 옻칠한 판에 금물*로 화려하게 그렸지. 귀족적인 고려 불교의 성격이 사치스러워 보일 정도로 휘황한 금색에서 잘 드러나지? 「아미타팔대보살도」의 뒷면에는 「담무갈·지장보살현신도」라는 그림이 있는데 이 그림도 재미있어. 그림 상단에는 금강산에서 담무갈보살에게 예배했다는 태조 왕건의 일화가 그려져 있어. 하단 왼쪽 구석에는 지장보살에게 절하는 스님과 일반 신자, 오른쪽 구석에는 예배하는 화가 자신을 그려 넣었어. 나라 전체에 불교가 깊숙이 뿌리내렸던 고려 사회의 모습을 잘 보여 주는 그림이라 할 수

• 금물 아교에 개어 만든 금박 가루. 그림을 그릴 때나 글씨를 쓸 때, 어두운 바탕의 종이에 사용하면 독특한 효과를 낸다.

노영의 「아미타팔대보살도」
◆ 중앙 맨 위에 아미타부처
를 그렸고 그 아래에 여덟
보살을 그렸다. 국립중앙박
물관 소장.

있어. 스님 옆에서 절하는 신자는 이 불화의 제작을 후원해서 절에
바친 귀족일 거야.

서구방, 김우문, 노영. 이들은 모두 고려 불화의 절정기였던 14세
기 전반에 활동했어. 제대로 된 기록만 남아 있었다면 이들이 르네
상스 시대 이탈리아의 3대 화가처럼 고려 불화의 3대 거장으로 불
리지 않았을까. 레오나르도 다빈치와 미켈란젤로의 작품은 그들의

노영의 「담무갈 · 지장보살
현신도」 ◆ 상단에는 왕건의
일화가 그려져 있고 하단에
는 지장보살에게 기도하는
사람들이 그려져 있다. 국립
중앙박물관 소장.

삶과 함께 감동적으로 전해지는데 정작 우리나라의 화가들에 대해
서는 아는 바가 없으니 참 쓸쓸하지.

고려 불화들은 서양화가들의 작품에 못지않은 예술성을 갖추었
어. 언젠가 고려 화가들의 삶이 밝혀져서, 「수월관음도」와 화가 서
구방에 얽힌 흥미진진한 이야기도 들을 수 있으면 좋겠다.

고려 불화의 문양

　고려 불화의 특징인 화려함은 아미타부처나 관음보살이 입은 의복에 금물로 표현한 각종 문양에서 가장 잘 드러난다. 어찌나 세밀하고 꼼꼼하게 그렸는지 가까이에서 문양을 살펴보면 선과 선 사이 간격이 바탕천의 올 간격과 맞먹을 정도로 정밀하다.

　고려 불화의 문양과 고려청자의 문양은 소재가 비슷하다. 연꽃, 연잎, 덩굴, 국화, 모란 등 식물 문양을 비롯해 봉황, 구름, 파도 등 동물이나 자연에서 가져온 무

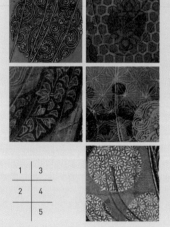

1 당초문　2 모란문　3 귀갑문
4 마엽문　5 국화문

늬도 있다. 유려하면서도 생동감을 주는 연꽃과 덩굴을 합친 연화당초문은 고려 불화에서 가장 즐겨 쓰인 문양이다. 이 밖에 거북의 등딱지처럼 육각형이 연속된 귀갑문, 삼 잎처럼 작은 마름모가 맞붙어 있는 마엽문 등 기하학 무늬도 사용되었다.

　특정 인물이나 주제에는 문양이 상징처럼 활용되기도 했다. 예컨대 대부분의 「수월관음도」는 하늘하늘한 사라를 흰색 마엽문으로 채웠고, 마엽문 위에 금물로 당초문이나 연화당초문을 그렸다.

10 「이양도」가 들려주는 공민왕의 러브 스토리

───────

고려판 국제결혼과
공민왕의
좌절된 개혁

"엄마, 고려 때도 국제결혼이 있었대."

어느 날 가족이 모여 앉아 다문화 가정에 관한 방송을 볼 때였어. 중학교 2학년인 아들이 갑자기 뜬금없는 소리를 하는 거야. 알고 봤더니 역사 시간에 공민왕에 대해서 배웠대. 그 말을 들은 나는 맞장구를 쳤어.

"네 말이 맞네. 공민왕의 왕비가 원나라 노국 대장 공주니까 국제결혼은 국제결혼이구나……."

말이 나온 김에 거실 책장에서 도록을 꺼내 아이에게 옛 그림 하나를 보여 줬어. 바로 공민왕이 그렸다고 하는 「이양도」야. 갈색 무늬와 검은색 무늬의 양 두 마리가 걸어가는 모습을 비단에 그린 그림이지.

공민왕의 「이양도」 ◆ 공민왕의 섬세한 붓질은 당시 원나라 궁중에서 유행하던 꼼꼼한 화풍과 닮아 있다. 간송미술관 소장.

「이양도」에 얽힌 사랑 이야기?

「이양도」는 털이 복슬복슬한 양의 특징을 잘 표현했어. 털 한 올 한 올의 느낌이 살아 있거든. 꼼꼼한 필치가 공민왕의 장기였나 봐. 세밀한 기법으로 사실적인 그림을 그렸던 원나라 궁중 화가들의 작품과도 비슷해. 공민왕은 십 대 시절을 원나라 수도이자 지금의 베이징인 연경에서 보냈는데 그곳에서 이런 기법을 익혔을 거야. 고려 시대에는 궁중에 소속된 화가뿐만 아니라 왕족과 귀족, 승려들도 취미 삼아 그림을 그렸다고 해.

「이양도」를 보면 고려 말기의 개혁 군주이자 비극적 운명의 주인공이었던 공민왕의 야망과 좌절을 떠올리지 않을 수 없어. 공민왕은 원나라의 간섭에서 벗어나 자주권을 되찾고, 권력을 남용하던 귀족에 맞서 정치와 경제를 바로잡으려 했어. 하지만 개혁을 완성하기에는 귀족의 힘이 너무 셌지. 국제 정세도 갑자기 불리하게 돌아갔고 말이야. 원나라 왕실 출신이었지만 누구보다 사랑했던 아내 노국 대장 공주의 뜻하지 않은 죽음 역시 비극을 재촉했어. 그래서일까? 「이양도」의 양들은 금슬 좋은 부부 같지만 왠지 슬픈 느낌이 들기도 해. 양 두 마리가 서로 다른 방향을 보고 있어서 그런지도 모르겠어.

고려의 대표 화가, 공민왕

"여봐라, 지필묵*을 대령해라. 내 노국 대장 공주의 얼굴을 친히 그려 영원히 잊지 않으리라."

"화원에게 시키지 않으시고……."

"아니다. 왕비의 얼굴을 나보다 잘 기억하는 이가 누가 있겠느냐……."

공민왕은 고려를 대표하는 화가였어. 그의 나이 서른여섯 살에 노국 대장 공주가 세상을 떠나자 아내를 애도하며 직접 초상화를 그렸다고 해. 노국 대장 공주는 늦은 나이에 임신했던 탓인지 아이

• 지필묵(紙筆墨) 종이와 붓과 먹을 아울러 이르는 말.

공민왕의 「천산대렵도」 ◆ 사냥을 하는 두 무사의 모습은 고구려의 후예를 자청한 고려의 기상을 보여 준다. 국립중앙박물관 소장.

를 낳다가 세상을 떠났어.

공민왕은 아내의 초상화뿐 아니라 여러 신하의 초상화도 그려 주었어. 자화상을 그리기도 했대. 승려가 되기 위해 왕궁을 떠나는 석가모니나 중국 진시황의 화려한 궁전인 아방궁도 그렸다는데 지금은 전해지지 않아.

「이양도」 외에 지금도 전해지는 공민왕의 그림으로는 「천산대렵도」가 있어. 중국 전설에 나오는 곤륜산 북쪽 자락의 천산에서 사냥을 하는 두 사나이를 그린 그림이야. 말을 타고 달리는 두 인물을 비스듬하게 배치해서 역동적인 느낌을 더했어. 내달리는 말과 인물의 동작에서는 고구려의 후예를 자처했던 고려의 힘찬 기상이 느껴져.

「천산대렵도」가 개혁에 대한 의지에 불탔던 공민왕의 이십 대를 나타낸다면 「이양도」는 아내를 잃고 좌절하던 공민왕의 말년을 상징하는 것 같아.

원나라, 호랑이를 키워 고려로 보내다

고려의 31대 왕 공민왕은 스물 두 살에 왕이 되었어. 원나라의 지시로 조카였던 충정왕이 폐위되었기 때문이야. 왕위에 오르기 전, 그는 열두 살 어린 나이에 원나라로 불려 가 십 년을 보내야 했어. 그곳에서 원나라 왕족 위왕* 의 딸인 노국 대장 공주, 즉 인덕왕후와 결혼했지.

고려의 왕자가 원나라에 볼모로 잡혀가고 원나라 왕실과 혼인을 맺은 건 고려가 사십 년에 걸친 몽골과의 전쟁에서 패배했기 때문이야. 국호를 원나라로 바꾼 몽골은 이후 백 년 가까이 고려의 정치에 간섭했고, 고려를 핍박하는 정책을 밀어붙였어. 예를 들어 폐하로 부르던 왕은 전하로, 태자는 세자로 부르게 하는 등 왕실과 관련된 호칭이 낮춰졌어. 그리고 죽은 왕에게 붙여 주는 호인 시호에는

• 위왕(魏王) 원나라 시조 쿠빌라이의 증손자. 중국은 황제의 자식이나 손자들에게 다른 지역의 통치권을 줄 때 왕이라고 호칭했다.

원나라에 대한 충성의 뜻으로 모두 '충(忠)' 자가 붙었어. 공민왕 이전의 왕들이 충렬왕, 충선왕, 충숙왕, 충혜왕 등으로 불리는 건 이 때문이야.

또 원나라는 고려를 '사위의 나라'라는 뜻의 부마국으로 삼기 위해 자기네들의 공주와 고려의 왕을 강제로 혼인시켰어. 또 고려의 왕자들을 원나라로 불러들여 자신들의 문화와 풍습을 익히게 했지. 일종의 '문화 세뇌 정책'을 펼친 거야.

공민왕이 노국 대장 공주와 고려에 돌아온 건 12월 한겨울이었어. 비록 십 대를 남의 나라에서 보냈지만 개혁에 대한 열망으로 피가 뜨겁게 끓어올랐을 거야. 얼마나 기다리던 날이었을까.

공민왕은 왕이 되기 전 강릉 대군이라 불렸는데 영리하고 신중한 청년이었다고 해. 볼모에 가까운 생활을 십 년 동안 했지만 원나라에 대한 반감은 결코 드러내지 않았대. 그렇게 끈기를 가지고 인내했기에 왕이 되었다고도 볼 수 있어.

한데 왕위에 오를 때 공민왕의 차림새는 좀 의외였어. 원나라 지배하의 관례대로 변발*을 하고 몽골 옷인 호복을 입었다고 하거든. 자주 개혁의 뜻과는 어울리지 않는 차림이지.

즉위 이듬해 초에 측근이었던 신하 이연종이 공민왕에게 권했어.

"변발과 호복 같은 원나라 복식은 우리 풍속이 아니니 전하께서

• 변발(編髮) 남자의 머리를 뒷부분만 남기고 나머지 부분을 깎아 뒤로 길게 땋아 늘인 몽골 인 특유의 머리 모양.

는 본받지 마시옵소서.”

그러자 공민왕은 기다렸다는 듯 변발을 풀고 몽골 옷도 벗어 던 졌어. 그러고는 백성들에게도 몽골 풍속을 금지시켰지.

원나라에 반기를 드는 외교 정책과 국가 내부에 대한 개혁 정책 의 신호탄을 쏘아 올린 거야. 이후 원나라의 연호˚와 관리 제도를 폐지하고 고려의 옛 제도를 복원했어. 또 원나라에 빌붙던 친원파 도 제거했지.

공민왕은 원나라가 고려의 정치에 간섭하기 위해 만든 기관인 정 동행성을 폐지했어. 그리고 한반도 북쪽을 통치하기 위해 원나라가 설치했던 쌍성총관부를 공격해 철령 이북의 땅도 되찾았어.

흔들리는   공민왕은 고려의 권력층을 향해서
공민왕의 개혁   도 칼날을 겨눴어. 무신 정권 때 설
                치되어 신하들이 왕을 무시하고 권
력을 휘두르던 정방을 폐지해 왕권을 강화한 거야.

세월이 흘러 공민왕 즉위 후 팔 년이 지났어. 힘센 귀족들을 개혁 하기란 생각보다도 어려웠어. 설상가상으로 홍건적˚이 침입하면서

· ·
- 연호(年號) 해의 차례를 나타내기 위하여 붙이는 이름으로 현재 우리나라에서는 '서기'를 사용하고 있다. 당시 원나라와 고려는 왕이 바뀔 때마다 연호를 바꾸었다.
- 홍건적(紅巾賊) 원나라 말기에 기승을 부린 도적 무리. 머리에 붉은 수건을 썼기에 이렇게 부르며 두 차례에 걸쳐 고려를 침범했다.

공민왕 부부 영정 ◆ 공민왕과 노국 대장 공주가 마주 보듯 앉아 있는 그림. 국립고궁박물관 소장.

개혁도 주춤했지. 홍건적 침입 때 개성이 함락되어서 공민왕이 안동까지 피란 가야 했으니 말이야.

이렇듯 개혁이 지지부진하던 상황에서 왕위에 오른 지 십오 년째 되던 해에 노국 대장 공주가 세상을 떠났어. 공민왕은 깊이 절망했어. '김용이 반란을 일으켜 자객을 보냈을 때, 문 앞에 버티고 서서 나를 보호해 주던 아내였는데……' 하는 생각을 하지 않았을까. 다른 원나라 출신 왕비들과 다르게 정치에 전혀 간섭하지 않던 왕비이기도 했지.

공민왕은 노국 대장 공주와 정략결혼을 하긴 했지만, 곧 깊이 사랑에 빠졌다고 해. 이전의 원나라 공주 출신 왕비들과 달리 노국 대장 공주는 남편 공민왕과 사이가 좋았어. 예술을 좋아하는 취향도 서로 닮았지. 노국 대장 공주는 고려로 시집올 때 가구, 그릇, 책뿐 아니라 서화 등 예술품을 배에 가득 실어 왔다고 해. 예술을 좋아했기 때문에 그림 솜씨가 남달랐던 공민왕에게 빠져들었는지도 몰라.

노국 대장 공주는 공민왕이 자신의 조국 원나라에 반기를 드는 정책을 펼 때도 정치에 일절 관여하지 않았어. 그러기는커녕 공민왕을 지지하는 것처럼 보일 정도였지. 노국 대장 공주는 원나라 사신이 올 때면 늘 공민왕과 함께 연회에 참석해서 부부의 금슬을 과시했대. 원나라를 향한 애국심보다도 남편을 향한 사랑이 컸던 거야. 그도 그럴 것이, 공민왕은 이전의 고려 왕들과 사뭇 달랐어. 공민왕 이전의 왕들은 원나라에서 온 아내를 전혀 돌보지 않고 사냥, 술, 여자에 빠져 지냈기에 원나라 공주들은 타향살이가 힘들고 외로울 수밖에 없었어. 그에 반해 공민왕은 결혼 후 후궁을 두지 않은 것은 물론이고 다른 여자에게 눈길조차 주지 않았어. 결혼 십 년 만에 둘째 왕비를 들인 것도 두 사람 사이에 자식이 생기지 않는다며 걱정하는 신하들의 성화에 못 이겨 취한 행동일 뿐이었지. 노국 대장 공주는 이때 심하게 질투해서 식음을 전폐하고 몸져눕기도 했는데, 그만큼 공민왕을 사랑했던 거야.

어쨌든 그렇게 사랑했던 왕비가 세상을 떠나자 공민왕은 만사가 싫어져서 총애하던 승려 신돈에게 정치를 완전히 맡겨 버렸어. 죽은 노국 대장 공주의 명복을 빌기 위해 불교에 전념하겠다면서 말이야.

신돈은 고려 사회와 경제에 많은 개혁 정책을 시행했어. 가장 중요한 두 가지는 특권층이 불법으로 독차지한 농장을 원주인에게 돌려주고, 억울하게 노비가 된 사람들을 해방시켜 준 것이야.

역사의 실패에서 배우다

하지만 신돈의 개혁은 오래 가지 못했어. 권력층의 저항이 거셌고, 신돈의 힘이 지나치게 강해지는 걸 염려한 공민왕이 신돈에게 반란 혐의를 씌워서 제거해 버렸거든.

그런데 이후 공민왕은 더욱 이상해졌어. 술독에 빠져 지냈고, 노국 대장 공주를 그리워한 나머지 정신병 증세까지 보인 거야. 결국 환관에게 암살당하는 비참한 최후를 맞게 돼. 그의 나이 마흔다섯 살이었어.

공민왕의 실패는 한 사람의 불행이기도 했지만 고려의 불행이기도 했어. 이후 고려는 빠른 속도로 허약해졌고, 결국 이성계에 의해 무너지게 되었으니까. 역사는 현재를 살아가는 우리에게 교훈을 남겨 주기에 의미가 있는 거야. 공민왕의 개혁이 어째서 실패할 수밖에 없었는지 좀 더 자료를 찾아보고 나름대로 생각을 정리해 보면 어떨까.

공민왕의 개혁 정치와
승려 신돈

공민왕의 개혁 정치를 이야기할 때 빠뜨릴 수 없는 인물이 신돈이다. 지방의 승려였던 신돈은 공민왕의 총애를 받아 왕의 스승이 되었을 뿐 아니라 나중에는 전권을 쥐고 개혁을 진두지휘했다.

어머니가 종인 것으로 알려진 신돈은 글을 몰랐지만 말재주가 좋았다고 한다. 공민왕 즉위 팔 년째 되던 해, 공민왕의 측근 김원명이 신돈을 공민왕에게 소개했다. 신돈으로부터 설법을 들은 왕은 그의 지혜에 매료되었고, 궁궐로 불러 스승으로 모셨다. 그뿐만 아니라 일반 정치까지 신돈에게 일임했다. 자신의 개혁 정책이 귀족들의 거센 저항에 부딪쳐 지지부진하자 기득권의 눈치를 볼 필요가 없는 신돈을 과감히 등용한 것이다. 노국 대장 공주가 죽은 후에는 아예 모든 권한을 신돈에게 맡겨 버렸다.

신돈이 가장 중요시하며 실시한 개혁 정책은 노비 개혁과 토지 개혁이다. 신돈은 전민변정도감을 설치해서 귀족들이 부당하게 뺏은 토지를 원주인에게 돌려주고, 강제로 노비가 된 사람들을 양인으로 복귀시켜 주었다. 이는 권력가들의 힘을 약화시키고 나라 살림을 튼튼하게 만들기 위한 필수 조치였다. 노비 신분에서 풀려난 이들은 신돈을 향해 "성인이 나타났다."라고 했지만, 재산을 잃은 귀족들은 "요승이 나라를 망친다."라며 비난했다.

하지만 신돈이 반란 혐의를 뒤집어쓰고 사형당하면서 그의 개혁은 불과 육 년만에 끝나 버리고 만다.

11 만 원 지폐 속 그림의 비밀을 찾아라

—————

「일월오봉도」와
조선 개국의
이념

퀴즈 하나 내 볼게. 만 원짜리 지폐에 있는 초상화의 주인공은 누구일까? 맞아. 세종 대왕이야. 너무 쉽다고? 이건 몸풀기 문제였어. 이제 진짜 문제. 세종 대왕 초상의 배경에 있는 그림은 무엇일까? 모르겠다고? 그렇다고 주눅 들 필요는 없어. 사실 매일 지갑에서 꺼내 쓰는 지폐이지만, 세종 대왕의 초상화 배경에 관심을 두는 사람은 거의 없거든.

자, 만 원 지폐를 한번 천천히 살펴볼까. 왼쪽에 흰 달, 오른쪽에 붉은 해가 다섯 산봉우리 위에 떠 있지? 그래서 이 그림은 해(日), 달(月), 다섯(五)

만 원권 지폐 ◆ 세종 대왕 초상화의 뒤로 「일월오봉도」가 보인다.

산봉우리(峰)가 그려졌다는 뜻으로 「일월오봉도(日月五峰圖)」라고 불려. 똑같은 장면을 그린 「일월오봉도」가 여러 점 전해지는데 모두 산봉우리 아래로 폭포가 좌우 대칭을 이루며 쏟아져 내려. 또 소나무가 두 그루씩 좌우에 서 있고 그 아래에는 넘실대는 물결이 그려져 있어. 실제로 이 그림을 보면 진한 원색이 화려하면서도 장엄한 느낌을 줘.

조선 왕의 상징, 「일월오봉도」

「일월오봉도」는 조선 시대에 만들어진 왕의 상징 중 하나야. 경복궁의 근정전, 창덕궁의 인정전 등 각 궁궐에는 왕이 신하들과 회의를 하던 정전이 있는데, 임금의 의자인 어좌 뒤에는 반드시 「일월오봉도」가 장식되어 있어. 각종 행사에서도 왕의 자리 뒤에는 「일월오봉도」가 그려진 병풍을 놓았다고 해. 임금이 생활하는 방에도 이 그림이 있었지. 하지만 왕 외에는 누구도 「일월오봉도」를 사용할 수 없었어.

　「일월오봉도」를 다시 자세히 살펴볼까. 해, 달, 산, 강 등을 사실적으로 표현하지는 않았어. 단순하게 특징만 표현한 게 눈에 띄지? 색도 전통적인 오방색˚의 범위에서 벗어나지 않았어. 붉은 해, 주황

• 오방색(五方色) 다섯 방위를 상징하는 색. 동쪽은 푸른색, 서쪽은 흰색, 남쪽은 붉은색, 북쪽은 검은색, 가운데는 노란색이다.

「일월오봉도」 ◆ 조선 왕의 상징인 그림으로 병풍을 비롯해 다양한 형태가 남아 있다. 국립고궁박물관 소장.

소나무, 하얀 강물, 푸른 하늘……. 아주 진한 색의 광물성 안료로 채색해서 한층 더 화려해 보여. 그러면서도 좌우 대칭으로 배치한 소재들이 안정감을 자아내는 동시에 근엄한 느낌을 주기도 해. 참 묘한 그림이지? 「일월오봉도」의 장엄한 아름다움은 왕의 위엄과 권위를 한껏 살려 줬어.

그런데 「일월오봉도」는 대체 무슨 뜻을 담고 있을까? 해와 달은 하늘을 나타내고, 다섯 산봉우리와 굽이치는 물결은 땅을 뜻해. 하늘과 땅은 우주를 상징하지. 그리고 왕은 우주의 정점에 위치한 존

경복궁(왼쪽)과 베이징 자금성(오른쪽)의 어좌 ◆ 경복궁과 달리 자금성의 어좌 뒤로는 「일월오봉도」 같
은 상징적인 장식이 없다. 경복궁 사진 문화재청 제공.

재야. 그래서 임금이 이 병풍을 배경으로 어좌에 앉으면 '우주의 정
점에 임금이 있다.'라는 「일월오봉도」의 의미가 비로소 완성되는
거야. 「일월오봉도」는 음양오행과 산악숭배 등 보편적인 동양의 전
통 사상에 뿌리를 두었지만 이렇게 그림으로 형상화한 것은 조선이
유일해. 중국의 궁궐에는 「일월오봉도」 같은 왕의 상징물을 사용한
흔적이 없거든. 고려 때도 사용하지 않았어.

새 왕조의 희망,
「일월오봉도」에 담다

아쉽게도 「일월오봉도」가 어
떻게 만들어졌는지에 대한 정
확한 기록은 남아 있지 않아.

조선 개국 초기에 만들어지지 않았을까 추정할 뿐이야. 하지만 여러 기록을 조사하다 보면 한 사람의 얼굴을 떠올리게 돼.

정도전. 바로 조선 개국의 일등 공신이지. 조선 개국에 대한 글을 보면 반드시 나오는 이름이야.

정도전은 고려 말에 지방 출신으로 과거에 급제한 이른바 사대부였어. 고려에서도 벼슬살이를 했지만 집안은 보잘것없었어. 당시 새로운 사상이었던 성리학을 받들던 정도전은 '병들어 가는 나라' 고려에서 희망을 찾을 수 없었어. 당시 고려는 귀족이 땅을 독차지했고, 집안이 좋으면 과거를 보지 않고도 출세할 수 있었거든. 반대로 아무리 능력이 뛰어나도 집안이 받쳐 주지 않으면 출세할 수 없었지. 이미 공민왕의 개혁이 실패한 뒤여서 고려 사회에 대한 정도전의 실망은 더 컸을 거야.

성리학이라는 새로운 사상을 받아들인 정도전은 사회를 위한 대의명분이 그 무엇보다 앞선다고 생각했어. 왕이라고 해서 무조건 충성해야 하는 것이 아니라 떠받들기에 마땅한 왕에게만 충성을 바쳐야 한다고 생각했지. 고려 말에는 유교의 덕목인 충성과 효도가 중요시됐는데, 그에 비하면 정도전의 생각은 아주 과감했다고 할 수 있어. 충성을 강조하며 온건한 개혁과 고려 왕조의 유지를 주장했던 이색, 정몽주 등과는 전혀 달랐지. 사실 이색, 정몽주 등은 집안이 좋아서 경제적으로 탄탄하기도 했어. 반면 정도전은 집안이 변변치 않아서 스스로 농사를 지어야 할 정도로 가난했지. 게다가 정도전은 어머니 쪽의 핏줄에 노비의 피가 섞여 있어 은근히 무시

당했다고 해.

새로운 세상을 꿈꾸던 정도전은 결국 당시의 '국민 영웅' 이성계를 앞세워 새 나라 조선을 일으켰어. 이성계는 군인 출신이었지만, 홍건적과 왜구를 물리친 덕에 백성들 사이에서 인기가 아주 높았고 구세주처럼 떠받들어졌어. 이성계를 도와 조선을 세운 정도전은 당시에 권력의 2인자였던 셈이야.

마침내 1392년, 조선의 개국이 선포됐어. 지금의 서울인 한양으로 도읍을 옮긴 후 새 궁궐을 짓고, 종묘와 사직도 세웠지. 역대의 왕과 왕비를 모시는 사당인 종묘와, 땅과 곡식의 신께 제사를 지내는 사직은 국가의 상징이었기에 새 왕조의 궁궐 좌우에 짓게 마련이었어. 사극에서 대신들이 왕 앞에 엎드려 "전하! 종묘사직이 위태롭사옵니다."라고 간하는 장면을 많이 봤을 거야.

새 도읍 한양에 궁궐과 길을 내는 망치 소리가 요란할 때, 누군가는 이를 앞장서서 지휘해야 했어. 그리고 그 역할을 맡은 게 바로 정도전이야. 그는 조선 개국의 총지휘자이자 설계자였어. 무인 출신인 이성계는 유학에 밝았던 정도전에게 모든 걸 맡겼거든.

새 왕조의 이름을 조선이라고 정한 이도, 한양으로 도읍을 정한 이도 정도전이었어. 그는 성곽, 종묘, 사직, 궁궐뿐만 아니라 시장까지도 직접 터를 잡고 설계했어. 궁궐과 성문의 이름도 지었지. 세세하게는 왕부터 문무백관, 내관, 궁녀에 이르는 왕실의 모든 관직명과 의복까지 정도전의 지휘하에 정해졌어.

'임금께서 만년 동안 큰 복을 받으시라.'라는 의미로 새 궁전의 이름을 경복궁이라 붙인 이도 정도전이야. 무엇보다 정도전은 조선 왕조의 헌법이라 할 수 있는 『조선경국전』도 지었어.

오늘날의 역사학자들은 「일월오봉도」 역시 정도전이 처음 생각해 내고, 어떤 식으로 그릴지 고안했을 가능성이 높다고 추측해. 왜냐하면 왕이 참여하는 행사의 예식과 순서 등을 정비한 사람도 정도전이었거든.

"뭇 신하들의 알현을 받는 왕이라면 위엄이 넘쳐 보여야 해. 그러려면 어좌 뒤에 어떤 장식이 있는 게 좋을까. 새 세상에 대한 꿈으로 탄생한 조선이 길이길이 하늘의 보호를 누렸으면 좋겠구나."

정도전은 전통 사상에서 얻은 아이디어에 이런 바람을 담아 「일월오봉도」를 생각해 내지 않았을까?

정도전 칠 년 천하

권력 무상. 이건 정도전에게도 해당하는 말이야. 조선 건국 후 막강한 권력을 휘두르던 그에게 운명의 시간이 다가왔어. 정도전과 함께 이성계를 도와 조선을 세운 또 다른 주역은 이성계의 다섯째 아들 이방원이었어. 야심가였던 이방원과 정도전의 갈등은 불가피했지. 두 사람의 갈등 뒤에는 새 나라의 운영 방침에 대한 극명한 입장 차이가 자리했어. 국가의 통치를 국왕 중심으로 할 것이냐, 신하 중심으로 할 것이냐를 두고 첨예하게 대립한 거야. 왕이 되고 싶어 했고 국왕 중심의 정치를 주장한 이방원이 신하 중심의 정치를 주장한 정도전에게 반대한 것은 당연했지.

조선 개국 칠 년째가 되던 1398년, 결국 이방원이 난을 일으켰고 정도전은 제거되고 말아. 조선의 밑그림을 그리고, 사상의 기반을 제공하고, 궁궐과 수도의 건설 등 실무까지 지휘했던 정도전은 이렇게 불행한 최후를 맞게 돼.

정도전을 제거한 이방원은 형 방과를 먼저 왕(정종)으로 내세운 뒤 그를 이어 자신이 왕이 돼. 바로 조선 3대 임금 태종이야.

권력 싸움에서 진 정도전의 시대는 허무하게 막을 내렸어. 하지만 정도전이 닦아 놓은 토대는 조선 왕조 오백 년의 주춧돌이 되었지. 집을 지을 때 주춧돌부터 제대로 놓아야 지붕을 받치는 기둥뿌리가 썩지 않고 건물이 튼튼하게 오래 버티는 것처럼 정도전 덕에 조선도 오랜 시간 영광을 누릴 수 있었다고 봐.

정도전은 새로운 세상을 꿈꾸던 혁명가인 동시에 분명한 청사진을 가지고 실행에 옮길 줄 아는 탁월한 행정가였어. 「일월오봉도」는 정도전의 그런 면을 보여 주는 구체적인 증거인 셈이지. 이처럼 지폐 한 장에도 그 이면을 들여다보면 흥미진진한 역사 이야기가 숨어 있어.

왕 중의 왕 세종

세종 대왕은 우리나라 지폐에 그려진 인물 중 유일한 왕이다. 조선은 세종 때에 이르러 건국 초기의 어수선함이 진정되고 정치, 경제, 국방, 문화 등 모든 면에서 번영을 누리기 시작했다. 수백 년 뒤 정조를 비롯한 많은 왕들도 세종 대왕을 닮으려 했다. 그래서 조선 왕을 상징하는 「일월오봉도」 앞에 왕 중의 왕인 세종 대왕이 앉아 있는 지폐 도안은 멋진 선택이라고 볼 수 있다.

세종은 국가 연구 기관인 집현전을 설치해서 중국의 옛 제도와 문헌을 연구했고 그 성과를 국가 정책에 활용했다. 하지만 무조건 중국의 문물을 따라 하지는 않고 독자적인 문화도 이룩했다. 농업, 의학, 천문학, 음악 등 여러 방면에서 뛰어난 업적을 남겼는데, 강우량을 재는 측우기, 해시계인 앙부일구 등이 개발되었다.

농법에 관한 책인 『농사직설』만 해도, 중국의 농법을 따른 게 아니라 각 지역의 관리에게 명해서 경험 많은 농부들의 지식을 모은 다음 그것들을 집대성했다. 가장 뛰어난 업적은 한글인 훈민정음을 창제한 것이다. 한글은 그 우수성을 인정받아 유네스코 세계 문화유산에도 등재됐다.

애초에 태종은 맏아들 양녕 대군을 태자로 책봉했으나 결국에는 셋째 아들인 세종에게 왕위를 물려주었다. 여러 이유가 있겠으나 태종과 중신들이 공부에 몰두했던 세종의 자질을 높이 평가한 것으로 보인다. 사냥과 술에 빠져 지냈던 양녕 대군과 달리, 세종은 공부가 지나쳐서 태종이 저녁에 책을 읽지 못하게 금지할 정도였다. 아마도 태종은 이씨 왕조를 무인 집안이라고 생각하는 백성들의 인식을 바꾸고 싶었던 모양이다.

12 「몽유도원도」의 행복은 사라지고

세종의
아들들 사이에
벌어진
권력 갈등

"겨우 일 분 보려고 세 시간이나 줄 서다니!"

2009년 추석 무렵, 국립중앙박물관에서 귀한 전시가 열렸어. 조
선 초기를 대표하는 화가 안견의 「몽유도원도」가 십삼 년 만에 우
리나라에 왔거든. 그림을 소유하고 있는 일본의 덴리 대학에서 전
시를 위해 빌려 온 거야. 그래, 안타깝게도 「몽유도원도」의 주인은
우리나라가 아니야.

어쨌든 오랜만에 돌아온 걸작을 보려고 관람객이 구름처럼 모여
들었어. 그런데 사람이 너무 많아서 관람 시간은 딱 일 분밖에 안 됐
지 뭐야. 눈 깜짝할 사이에 일 분이 지나자 관람객들은 "요만큼 보려
고 그렇게 오래 기다렸냐."며 투덜거렸어. 하지만 어쩌겠니? 짧지만
굵게 감상할 수밖에. 좀 더 큰 감동을 위해서는 상상의 나래를 펴고
「몽유도원도」가 그려졌던 1447년으로 날아가는 게 최고야.

「몽유도원도」가 일본에 있는 탓에 국내에서는 볼 수 있는 기회가
좀처럼 없으니, 이렇게 책에 실린 사진을 통해서나마 걸작의 아름
다움을 음미해 보자꾸나.

꿈속 풍경을 그리게 했더니
사흘 만에 완성하더라

세종 대왕이 조선을 다스
리던 1447년 늦은 봄. 갓

안견의「몽유도원도」◆ 일본 덴리 대학교 소장.

서른 살이 된 세종의 셋째 아들 안평 대군은 산속을 헤매고 있었어.
그는 말을 타고 집현전 학자 박팽년과 산길을 가는 중이었지.

그때 누군가 나타나 이렇게 일러 주었어.

"이 길을 따라 북쪽 골짜기로 들어가면 도원(복숭아밭)에 이르게
됩니다."

봉우리는 높고 골짜기는 깊었어. 더욱이 폭포가 있는 곳에 이르
자 길이 끊어질 듯한 낭떠러지가 이어졌지. 그런데 그곳에서 고개

를 들어 보니 동굴이 보였어. 동굴 속으로 들어가니 넓은 복숭아밭이 펼쳐져 있는 게 아니겠니. 분홍색 꽃이 화사한 복숭아밭은 안개와 아지랑이에 둘러싸여 신비로웠어. 너무나 아름다운 풍경에 취해 있는데, 어느새 또 다른 집현전 학자 최항과 신숙주가 안평 대군 옆에 와 있었어. 그들은 함께 시를 지으며 풍류를 즐겼어. 시간이 흘러 산을 내려오는데, 그만 잠이 깨고 말았네. 이 모든 게 꿈이었던 거야.

너무나 생생하고 아름다운 꿈이었어. 더구나 선비들이 생각하는 이상향인 '무릉도원'과도 흡사했지. 그냥 지나치기 아까웠던 안평 대군은 평소 아끼고 밀어주던 궁중 화가 안견을 불렀어. 안견에게 꿈 이야기를 들려주고는 그림을 그려 달라고 했지. 재주가 뛰어났던 안견은 특급 화가답게 사흘 만에 그림을 완성했어.

1미터 남짓한 두루마리에 꼼꼼한 붓질로 그린 안견의 그림을 보니, 안평 대군은 마치 꿈을 다시 꾸는 듯했어. 그는 그림에 「몽유도원도」라는 제목을 붙였어. '꿈속에서 노닐던 복숭아밭을 그린 그림'이라는 뜻이야. 그리고 그림을 그리게 된 사연을 글로 써서 남겼어.

그림을 자랑하고 싶었던 안평 대군은 평소 어울리던 집현전 학자

「몽유도원도」에 붙어 있는 안평 대군의 발문 ◆「몽유도원도」를 그리게 된 사연을 적은 것으로 조맹부의 송설체를 이어받은 안평 대군의 서체가 잘 나타나 있다.

를 비롯해 당대의 글 잘 짓는 이들을 불렀어. 이렇게 모인 21명의 명사들이 그림에 관한 시와 글을 썼어. 안평 대군은 그걸 자신이 쓴 그림 제목 및 글과 함께 모두 그림에 이어 붙였대. 전체 길이가 얼마였냐면, 놀라지 마. 무려 20미터에 달했어.

조선 초기의 걸작 「몽유도원도」는 이렇게 탄생했어.

안견, 북송 화가 곽희의 화풍을 우리 식으로 완성하다

안견의 솜씨를 좀 더 자세히 구경해 볼까. 보통 두루마리 그림은 오른쪽부터 시작해서 왼쪽으로 이어지는데「몽유도원도」는 거꾸로 왼쪽부터 시작해. 거기에서 꿈이 시작되거든. 안평 대군이 길을 떠났던 곳은 현실의 산처럼 나지막하게 그려져 있어. 하지만 두루마리 오른쪽으로 갈수록 기암절벽이 나타나고 산세가 점점 험해져. 끊어질 듯 이어지는 꼬불꼬불한 산길과 자그마한 폭포, 그리고 기괴한 형상의 동굴과 함께 펼쳐지는 화사한 복숭아밭⋯⋯.

그렇지만 둘둘 말았던 두루마리를 펼치면 맨 먼저 이 멋진 복숭아밭이 떡하니 나타나 보는 사람들의 입이 절로 벌어졌을 거야. 아마 안견도 그런 효과를 노리고 일부러 반대로 그렸던 것 같아.

이번엔 그림 기법을 살펴보자. 바위산은 구름이 피어나는 듯한 모양이고, 산봉우리는 아랫부분이 밝게 그려져서 입체감이 두드러져. 나뭇가지는 게의 발톱처럼 뾰족뾰족해. 또 바위산을 그릴 때는 가느다란 붓으로 선을 일일이 잇대어 그렸다는데 얼마나 세밀한지 붓질 자국이 전혀 보이지 않아.

이런 식으로 경치를 그리는 방식은 중국 송나라 때 곽희라는 화가가 즐겨 썼다고 해. 중국에서 크게 유행한 곽희풍 산수화는 고려 때 우리나라에도 건너왔어. 하지만 처음으로 곽희풍을 완벽하게 소화해서 자기 것으로 만든 사람이 바로 안견이야. 뛰어난 화가 안견 덕분에 곽희풍 산수화는 조선 중기까지 이백여 년간 유행했어.

안견이 곽희풍 산수화의 대가가 될 수 있었던 건 안평 대군의 수집품 덕이었어. 안평 대군은 십 대 시절부터 그림과 서예 작품을 모았어. 삼십 대가 되었을 때는 이미 수집품이 수백 점이나 됐다고 해.

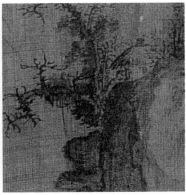

곽희의 화풍을 자신의 것으로 소화한 안견 ◆ 운두준(왼쪽)이란 마치 구름이 피어나는 것처럼 바위산을 표현하는 기법이고, 해조묘(오른쪽)는 게의 발톱처럼 나무를 그리는 기법이다. 모두 중국에서 유래한 것으로 안견은 그 기법들을 완벽히 자신의 것으로 소화해 냈다.

중국 유명 서화가들의 작품을 많이 갖고 있었다는데 특히 곽희의 그림이 많았대. 안평 대군과 가까웠던 안견은 곽희의 진품을 보면서 그 기법을 익혔을 거야. 생각해 봐. 보통 사람은 중국 여행을 꿈도 못 꾸던 시절에 중국 대가의 작품을 바로 눈앞에서 보았으니 안견이 얼마나 감격했을까. 아마 보고 또 보며 연구했겠지.

한편 안평 대군이 글씨를 잘 썼던 이유도 비슷해. 안평 대군은 원나라 서화가 조맹부의 작품도 많이 갖고 있었거든. 조맹부는 그림도 잘 그렸지만 굳건하고 힘찬 송설체로 유명한 서예가이기도 해. 참고로 송설체라는 이름은 조맹부의 호 '송설도인'에서 따온 것이야. 안평 대군은 조맹부의 글씨를 보며 실력을 연마했을 거야. '안평체'로 불리는 안평 대군의 서예 솜씨에는 중국 황제도 감탄했다고 하니 다른 말이 필요 없지.

樹偃龍蛇淡湘濠槎閣仙居蒙上層閣橋杻桃閒致仿春山早見氣如菜乙邛春月满题

곽희의 「조춘도」 ◆ 북송 시대 산수화로 유명했던 곽희의 대표작. 안견은 곽희의 화풍에서 많은 영향을 받았다. 대만 국립고궁박물관 소장.

「몽유도원도」는 조선 초기의 최고 서예가 안평 대군과 최고 화가 안견의 합작품인 셈이야. 그뿐 아니지. 당대 최고의 문장가들이 쓴 시가 곁들여져 있으니 조선 초기 시와 서예와 그림의 정수를 한꺼번에 맛볼 수 있는 걸작인 셈이야.

「몽유도원도」가 그려진 때는 조선이 개국하고 겨우 오십오 년이 지나 세종 대왕이 왕이었을 무렵이야. 젊은 나라였던 만큼 사회에도 활발한 기운과 낙관적 분위기가 흘렀어. 특히 세종 대왕 아래에서 개국 초기의 어수선하던 분위기가 정리되고 권력 투쟁의 피비린내가 걷히며 정치, 경제, 국방, 문화 등 모든 면에서 번영을 누렸던 태평성대였어.

서른여섯에 스러진 「몽유도원도」의 꿈

「몽유도원도」의 꿈을 꾸고 삼 년 뒤, 안평 대군은 신비한 경험을 해. 이때는 세종 대왕이 세상을 떠나고 맏아들 문종이 왕위에 오른 첫해였어. 어느 날, 안평 대군이 경복궁 뒤쪽의 계곡을 거닐다가 꿈에서 본 풍경과 너무나 흡사한 곳을 발견한 거야.

안평 대군은 이곳에 집을 짓고 '무계정사'라고 이름 붙였어. 무계정사는 안평 대군이 평소 친하게 지내던 박팽년, 성삼문, 신숙주, 이개, 최항 등 젊은 집현전 학자들을 불러 모임을 열고 예술과 정치를 논하는 곳이 되었어. 나중에 안평 대군과 그의 형 수양 대군이 정권

을 놓고 경쟁할 때 안평 대군을 지지해 준 원로대신 김종서와 황보
인 등도 이곳을 드나들었어.

하지만 평화롭던 이들의 세상은 오래가지 못했어. 몸이 약했던 문
종이 왕위에 오른 지 이 년 삼 개월 만에 세상을 떠났거든. 세종 대
왕의 둘째 아들 수양 대군은 어린 조카 단종이 왕위에 오르자마자
왕권에 대한 야심을 드러냈어. 삼촌이 조카의 왕위를 빼앗기 위해
난을 일으킨 거야. 계유년인 1453년에 일어나서 계유정난이라고 해.

수양 대군은 왕위에 올라 세조가 되었고, 단종을 후원했던 안평
대군은 결국 살해당해서 서른여섯 살에 짧은 생을 마감해야 했어.
김종서, 박팽년, 성삼문 등 안평 대군 편에 섰던 많은 이들도 운명을
같이해야 했지.

세조는 정적이었던 안평 대군의 존재뿐 아니라 유명했던 그의 글
씨까지도 사람들의 기억에서 지워 버리려고 애썼어. 안평 대군의
글씨가 새겨진 비석을 찾아서 갈아 없애 버렸을 정도야. 안평 대군
이 평생 심혈을 기울여 모은 예술품들도 그의 재산과 함께 여기저
기 흩어지고 말았어. 지금까지 전해지는 건 「몽유도원도」 한 점뿐
이야. 하지만 세월이 흐르며 안평 대군에 대한 관심이 부활했지. 임
진왜란 이후인 17세기에 왕족들이 전쟁으로 사라진 문화를 살리려
고 적극적으로 나서면서 뛰어난 서예가이자 멋진 예술 후원가였던
안평 대군을 다시 보기 시작한 거야. 선조 임금의 손자이자 서화가
였던 낭선군은 안평 대군의 삶과 관련된 글을 여기저기서 모아 베
껴 쓰고는 『안평사적』, 『안평유고』라는 책으로 엮기도 했어. 또 전

국의 사찰 등에 편액*으로 보존되어 있던 안평 대군의 글씨를 배우려는 움직임도 일었어. 특히 성종은 안평체에 푹 빠져 열심히 따라 했다고 해. 덕분에 안평 대군이 죽고 나서 주춤했던 조맹부체에 대한 관심도 살아나 안평체와 조맹부체는 조선 중기까지 오랫동안 유행했어.

인생은 짧고 예술은 길다는 말이 있지? 안평 대군을 보면 맞는 말인가 봐. 안평 대군은 비록 정치 싸움에서 졌지만, 그가 남긴 「몽유도원도」와 안평체는 사람들에게 감동을 주면서 지금도 그를 기억하게 만들고 있으니까.

• 편액(扁額) 종이, 비단, 널빤지 따위에 그림을 그리거나 글씨를 써서 방 안이나 문 위에 걸어 놓는 액자.

안견의 선견지명?

안평 대군은 화가 안견을 진심으로 아끼고 사랑했던 것으로 보인다. 안평 대군이 모았던 예술품은 중국의 유명한 화가나 서예가의 것이 대부분이라 전체 소장품 174점 중 136점이 중국 그림이었다고 한다. 조선의 화가로는 안견의 작품이 유일했고, 무려 30점이나 갖고 있었다. 이것만 봐도 「몽유도원도」를 그린 안견에 대한 안평 대군의 애정을 너끈히 짐작할 수 있다.

그런데 안견은 자신을 후원했던 안평 대군이 수양 대군과의 권력 싸움에서 질 것이라고 예상했던 모양이다. 어느 날, 중국 북경의 시장에서 귀한 먹을 구입한 안평 대군은 화가 안견을 불러 그 먹으로 그림을 그리게 했다. 마침 안평 대군이 일이 있어 잠시 자리를 비우고 나갔다 돌아왔는데 그사이 먹이 사라져 버렸다. 안평 대군은 먹이 어디로 사라졌는지 찾기 위해 집안 종을 다그쳤다. 계집종들은 안견이 수상하다고 했다. 그러자 안견은 자신의 결백을 증명하려고 소매를 펼쳤는데 그만 품속에서 사라진 먹이 떨어졌다. 화가 난 안평 대군은 안견을 내쫓으면서 집 근처에 다시는 얼씬도 못 하게 했다. 이 일은 장안에 떠들썩하게 소문이 났다.

얼마 지나지 않아 수양 대군이 조카 단종의 왕위를 빼앗는 사건이 일어났다. 안평 대군은 물론 그 집안을 드나들었던 모든 사람이 화를 당했지만 안평 대군과 관계가 틀어진 안견만은 화를 면했다고 한다.

13 저 선비
계곡에 발 담그고
쉐는 까닭은

———

「고사탁족도」가 전하는
붕당 정치와
전쟁의 아픔

8월의 어느 날 축구를 하고 돌아온 아이가 에어컨 리모컨부터 찾았어. 가만있어도 땀이 줄줄 흐르는 삼복더위이니 그럴 만도 하지. 거실 한편에 서 있는 에어컨에서 솔솔 나오는 바람 덕에 더위가 가셨는지 기분 좋아진 아이는 수박을 먹으며 내게 이렇게 물었어.

"선풍기도 에어컨도 없던 옛날에는 어떻게 여름을 보냈을까?"

「고사탁족도」, 조선 선비들의 피서법?

이럴 때 떠오르는 그림이 있어. 조선 중기 화가 이경윤이 계곡에서 발을 씻고 있는 선비를 그린 「고사탁족도」야. 국립중앙박물관이 소장하고 있는 이 그림은 찌는 듯한 여름 더위를 피해 계곡에서 피서를 즐기는 장면을 담고 있어. 바위에 걸터앉은 선비가 계곡물에 발을 담그고 있는데 저고리 앞섶을 풀어 헤쳐서 더 시원해 보이지? 계곡물이 어찌나 찬지 두 발을 다 담그지도 못한 채 무릎을 꼬고 있어. 심심하던 차였는지 차를 가져온 동자를 보며 반가워하는 듯해.

이경윤의 「고사탁족도」 ◆ 계곡으로 피서를 간 풍경의 이면에 어지러운 세상에 대한 한탄이 담겨 있다. 국립중앙박물관 소장.

그런데 선비의 표정을 자세히 살펴봐. 바쁜 업무에서 벗어나 휴식을 즐기는 행복한 표정이 아니야. 뭔가 세상일에 초탈해 있는 도인과 닮지 않았니?

왕족이면서 화가였던 이경윤은 이런 종류의 그림을 많이 그렸어. 선비가 거문고를 타며 달을 구경하고 있는 「탄금도」도 그렸고, 선비가 배에 홀로 앉아 비파를 연주하는 「주상탄금도」도 그렸지. 나무 그늘 아래에서 바위를 베개 삼아 낮잠 자는 선비를 그린 「수하대취도」도 있단다.

「고사탁족도」 속 선비의 차림을 볼까? 관복이 아니라 평상복인

1	2
	3

1 이경윤의 「주상탄금도」◆ 강 위의 배에
홀로 앉아 비파를 연주하는 선비를 그렸
다. 서울대학교 박물관 소장.
2 이경윤의 「탄금도」◆ 달을 바라보며 거
문고를 타는 선비의 모습을 그렸다. 고
려대학교 박물관 소장.
3 이경윤의 「수하대취도」◆ 술에 취해 나
무 아래에서 한가롭게 낮잠을 자는 선비
를 그렸다. 고려대학교 박물관 소장.

심의를 입고 복두라는 두건을 썼어. 벼슬자리를 박차고 떠난 학자들의 옷차림이야. 덕망 높고 학식 있는 선비를 상징하는 옷이지. 천 원 지폐의 퇴계 이황도 이런 옷을 입고 있어.

계곡에 발을 담그고, 나무 아래서 낮잠을 자고, 낚시를 즐기는 장면들. 실은 다 중국의 옛이야기에서 따온 것들이야.

세상이 맑고 바르다면 갓끈을 씻으며 관직에 나가 이름을 날리겠지만, 어지러운 시대이니 벼슬에서 물러나 발이나 씻으며 숨어 지내겠다는 뜻이 「고사탁족도」에 숨겨져 있어.

낮잠 자는 장면도 비슷한 옛이야기가 있어. 중국 오대십국 혼란기에 진단이라는 학자가 있었대. 어지러운 시기였기에 진단은 벼슬길에 나오라는 부름을 피하기 위해 수십 일 동안 깊은 잠에 빠져 지냈던 인물이라고 해.

이경윤은 이런 중국의 옛이야기를 빌려 혼탁한 한양의 정치판을 떠나 시골에서 자연을 벗 삼아 지내고 싶은 자신의 마음을 그림으로 표현한 거야.

유학자들의 권력 싸움이 끊이지 않던 시대

그렇다면 이경윤은 과연 어떤 시대를 살았기에 자연 속에서 숨어 지내는 삶을 동경했을까?

이경윤은 선조와 광해군이 조선을 통치하던 시절을 살았어. 특히 선조가 다스렸던 사십 년 동안에는 조선 사회를 후퇴시켰다고 비판을 듣는 당쟁이 시작되었고, 칠 년여 동안 계속된 임진왜란 탓에 나라가 쑥대밭이 되었어.

당쟁이란 지금도 당이 다른 국회의원들이 서로의 이해관계에 따라 다투는 것처럼, 조선의 사림파들이 서로 나뉘어 권력 싸움을 벌였던 일을 말해.

사림파는 본래 관직을 멀리하고, 시골에서 제자들을 가르치며 살던 유학자들이었어. 성종 때만 해도 조선의 권력은 훈구파*가 쥐고 있었어. 하지만 성종이 훈구파를 견제하기 위해 사림파를 등용하면서 그들이 중앙 정치 무대로 진출했지. 사림파 때문에 정치적 기반을 잃을까 두려웠던 훈구파는 사림파를 무시무시하게 공격했어. 훈구파의 정치적 탄압과 공격으로 사림파는 여러 왕을 거치는 동안 무려 네 차례나 떼죽음을 당하거나 유배를 가야만 했지. 이를 사대 사화(四大 士禍)라고 불러. 선비 사(士), 재앙 화(禍) 자를 써서 '사림이 당한 정치적 재앙'이라는 뜻이야.

그러나 사림파의 생명력은 아주 끈질겼어. 결국 마지막까지 살아남아 선조가 다스리던 무렵에는 권력의 중심이 되었거든.

적이 사라지니 우리끼리 적이 되어

그런데 훈구파가 사라지자 이제는 사림파끼리 싸우기 시작했어.

• 훈구파(勳舊派) 세조가 왕이 되는 데 공을 세워 높은 벼슬을 해 오던 권력층.

훈구파 중에서도 믿을 만한 인물과는 협력해야 한다는 온건파와, 훈구파는 무조건 배척해야 한다는 강경파로 나뉜 거야.

이러한 의견 대립과 학연, 지연 등이 얽혀서 사림파는 서인과 동인으로 붕당을 이루게 돼. 붕당이란 끼리끼리 모인 정치 집단을 뜻해. 오늘날의 정당과 비슷한 개념이지. 한번 갈라지기 시작한 사림파는 나중에 입장 차이에 따라 동인은 남인과 북인으로, 서인은 노론과 소론으로 갈라서게 돼.

조선의 정계가 파벌 싸움으로 날이 새는지도 모르고 있는 동안, 일본의 정세가 긴박하게 돌아갔어. 도요토미 히데요시가 여러 지방 군벌들이 싸움을 벌이던 전국 시대를 통일하고 일본의 강자로 떠올랐거든. 야심가였던 도요토미 히데요시는 중국 대륙 정벌을 내세우며 조선 땅을 침략할 꿈을 키워 갔어.

도망간 임금에 분노한 백성들

임진년이자 선조 즉위 후 이십오 년째가 되던 1592년, 도요토미 히데요시가 마침내 조선을 침략했어. 4월 15일 부산에 상륙한 왜군 20만 명은 이십여 일 만에 한양을 점령했어. 선조는 도성을 버리고 피란길에 올라 평양으로 갔다가 급기야 멀리 압록강의 의주까지 피해야 했어.

백성들의 실망과 분노는 극에 달했어. 임진왜란 때 경복궁, 창덕궁 등 궁궐에 불이 났다고들 하지? 이 화재도 사실은 왜군의 소행이 아니라 자신들을 버리고 도망간 왕실과 집권층에 분노한 백성들이 불을 지른 것이었어.

임진왜란은 칠 년 가까이 계속되었어. 휴전 기간 삼 년을 빼도 사 년이나 전 국토가 왜군에 짓밟히고 약탈과 만행에 시달린 거야.

조선이 입은 피해는 이루 말할 수 없었어. 조총이라는 신무기를 앞세운 왜군에 조선의 군인들이 수없이 죽어 나갔고, 백성들까지 무차별로 죽임을 당해 우물물이 피로 물들었다고 할 정도야.

사람들이 서로 잡아먹어 여자와 어린아이는 바깥출입도 못 할 지경이었다. 굶어 죽은 시체가 쌓이면 사람들이 다투어 그 시체의 살을 떼어 먹었다. 우리나라에 여러 차례 변란의 재앙이 있었으나 오늘날처럼 참혹한 적은 없었다.

광해군 때의 학자이자 실학의 선구자인 이수광은 자신의 저서 『지봉유설』에서 임진왜란 때의 참혹한 광경을 이렇게 묘사했어.

부끄러운 세상,
출세도 명예도 다 싫어

당쟁에 정신이 팔려 전쟁 중에도 백성을 지키기는커녕 자신들만 살겠다고 도망치기 급급했던 왕실과 집권층에 대한 환멸. 이경윤은 왕족이었기에 그런 감정이 더했을 거야.

이런 무능력한 정계에서 벼슬을 하느니 차라리 자연을 친구 삼아 지내고 싶다는 생각이 당시의 선비들을 지배했어. 그런 마음을 담아 그린 게 이경윤의 「고사탁족도」야. 이경윤과 비슷한 시기를 살았던 화가들도 유행처럼 비슷한 뜻을 담은 그림을 그렸어.

쏟아져 내리는 폭포를 감상하는 장면을 그린 윤정립의 「관폭도」, 낚시하고 돌아오는 늙은 어부를 그린 이승효의 「어옹귀조도」, 배를 타고 낚시하는 선비를 그린 이흥효의 「추경산수도」, 쌀쌀한 초겨울 강에서 낚시하는 모습을 그린 이정의 「한강조주도」가 그 예들이야.

과거에 급제해 세상에 자신의 이름을 널리 알리는 것이 조선 시대 선비들의 공통된 꿈이었어. 하지만 이경윤이 살던 때에는 뜻있던 많은 선비들이 오히려 관리의 길을 포기하고 자연 속에서 살고자 했어. 그런 분위기 탓인지 화가들이 그린 그림 역시 전과 달랐지.

자연 속에서 사는 선비를 강조하기 위해 그림 속 인물의 크기가 전보다 커졌어. 그러면서 사람을 그림의 중심 주제로 삼는 새로운 화풍이 유행했지. 「고사탁족도」처럼 말이야. 이전의 산수화에서는 거대한 자연 속에 사람이 아주 조그맣게 들어가거나 아예 없었거든. 거꾸로 이전에 중요하게 그렸던 나무나 바위 등의 자연은 배경처럼 간략하게 그렸어.

전쟁 후 당쟁은 수그러들었을까

참혹한 전쟁을 겪은 후 사림파는 좀 달라졌을까? 안타깝

1	2
3	4

1 윤정립의 「관폭도」 ◆ 국립중앙박물관 소장.
2 이홍효의 「추경산수도」 ◆ 국립중앙박물관 소장.
3 이승효의 「어옹귀조도」 ◆ 국립중앙박물관 소장.
4 이정의 「한강조주도」 ◆ 국립중앙박물관 소장.

지만 아니야. 파벌 싸움이 심해지면서 오히려 병자호란*이라는 새
로운 전쟁을 초래하기도 했어.

당쟁의 폐해는 양반들의 생활에도 영향을 미쳤어. 대립하는 집안
끼리 서로 원수가 되었거든. 한마을에 살아도 왕래하지 않았고 길
에서 만나도 인사를 나누지 않았어. 당파가 다른 집안과 혼인하지
않은 것은 물론이었지. 파벌이 다르면 옷차림과 걸음걸이도 다를
정도였대.

붕당 정치가 조선의 정치를 발전시켰다고 긍정적으로 평가하는
사람들도 있어. 하지만 지나친 자기 사람 챙기기와 당쟁으로 많은
인재가 희생된 것은 사실이기에 비판을 피하기는 힘들어 보여.

• 병자호란(丙子胡亂) 인조가 임금이던 1636년, 청나라를 중국의 주인으로 인정하지
 않는 조선에 본때를 보여 주기 위해 10만 대군이 조선을 침략했다. 결국 조선이 패
 했고, 인조는 삼전도에서 청나라에 신하의 예의를 다하겠다며 항복했다.

끊이지 않은 파벌 나누기

조선 9대 임금 성종이 훈구파를 누르기 위해 등용한 사림파는 이후 14대 임금 선조 때에 이르러 동인과 서인으로 갈라서게 된다. '이조의 전랑' 관직을 놓고 훈구파이자 임금의 외척*인 심의겸과 신진 사림 김효원이 벌인 권력 다툼이 계기였다. 선조 초기, 전랑 자리에 김효원이 추천되자 심의겸은 그가 명종 때 권력을 휘두른 윤원형에게 아부한 소인배라며 반대했다. 하지만 결국 김효원은 전랑 자리에 올랐다. 그런데 김효원이 다른 자리로 옮겨 가면서 이번엔 심의겸의 동생 심충겸이 전랑에 추천되었다. 그러자 김효원이 반대하고 나섰다. 인사권을 쥔 이조 전랑 자리에 외척이 앉아서는 안 된다는 것이었다.

이때 훈구파 심의겸에 대해 비교적 호의적이었던 이들이 서인, 강하게 반대했던 김효원의 편이었던 이들이 동인이라고 불리게 된다. 이런 명칭은 심의겸의 집이 경복궁 서쪽에, 김효원의 집이 동쪽에 위치한 데서 유래되었다.

이조 전랑이 어떤 자리이기에 사림파를 동인과 서인으로 갈라놓았을까. 이조 전랑은 삼사의 추천권이 있는 막강한 자리였다. 삼사는 왕의 독재나 특정 당파의 독주를 막을 수 있는 언론 기관의 성격을 갖고 있었다. 또 전랑을 거치면 대개 재상까지 올라갈 수 있었다.

선조 후반에 이르면 동인이 남인과 북인으로 나뉘며, 서인 역시 병자호란 이후에 노론과 소론으로 나뉜다. 이렇게 조선 후기에는 남인, 북인, 노론, 소론의 당파가 형성되어 누구도 당쟁에서 자유로울 수 없게 되어 버린다.

....
• 외척(外戚) 어머니 쪽의 친척.

14 정선의 금강산 그림과 임진왜란의 관계를 찾아라

진경산수화에
숨어 있는
소중화 사상

"아이고, 다리야. 여기서 좀 쉬었다 가자꾸나. 금강산 전망은 역시 단발령 이곳이 최고지."

"예, 스승님."

환갑을 바라보는 스승 김창흡의 말에 친구 사이인 화가 정선과 시인 이병연은 약속이나 한 듯 똑같이 답했다. 이마엔 땀이 비 오듯 쏟아졌다. 하지만 정선은 땀을 훔칠 생각도 잊고 멀리 병풍처럼 늘어선 기암괴석의 아름다움에 넋을 잃었다. 어느새 머리에 서리가 내려앉은 김창흡이 그 모습을 보더니 빙긋 웃으며 말했다.

"그러고 보니 정선 자네에겐 이번이 첫 금강산 구경이겠구먼. 이게 다 이병연, 자네 덕분이야. 고마우이."

숙종이 조선을 다스리던 1711년. 화가 정선 일행은 금강산 여행

萬二千峰皆骨山何人用
意寫眞顏衆香浮
衆扶森外
積氣雖
世界
間
義分
芙蓉艶々素
半林松
柏隱玄間級今脚
蝸讀今遍尋恍遠者不慳

甲寅
冬木

金剛全圖

정선의 「금강전도」 ◆ 정선의 진경산수화를 대표하는 작품. 내금강이 한눈에 보이도록 위에서 내려다보
는 시점으로 그렸다. 삼성미술관 리움 소장.

190

에 나섰어. 이때 정선의 나이 서른여섯. 1710년에 금강산 초입의 강원도 금화에 현감으로 부임한 이병연이 어릴 적 같은 스승 밑에서 공부했던 친구들과 스승을 부른 거야. 당시 이병연은 시 잘 짓기로 유명했어. 아무튼 이병연 덕에 많은 사람이 아름답기로 소문난 금강산을 볼 수 있었지.

숙종에서 영조에 걸친 시대를 살았던 화가 겸재 정선의 금강산 그림을 본 적 있니? 정선은 「인왕제색도」, 「박연폭포」, 「청풍계도」, 「시화환상간」 등 뛰어난 그림을 많이 남겼어. 하지만 뭐니 뭐니 해도 「금강전도」로 대표되는 금강산 그림들이야말로 정선의 화풍을 잘 보여 주는 대표작이야.

하늘을 배경 삼아 기이한 바위들이 병풍처럼 늘어선 '일만이천봉', 물소리가 개구쟁이처럼 천진한 만폭동 계곡의 너럭바위, 떨어지는 물줄기가 어찌나 거센지 뼛속까지 후련해지는 구룡폭, 단발령에서 바라보는 금강산의 멋진 모습 등 금강산에서 직접 본 풍경들은 단박에 정선의 마음을 홀렸어.

정선의 그림 속 선비들을 찾아라

숨은그림찾기 하듯이 정선의 금강산 그림들을 자세히 들여다보렴. 재미있는 걸 발견할 수 있을 거야. 거의 모든 그림마다 개미처럼 작게 그려진 사람들이 옹기종기 모여 있거든. 그들의 옷차림을 봐. 맞아, 조선 시대 양반들의 차림새야. 내

정선의 금강산 그림에 나오는 당시 양반들의 모습 ◆ 정선은 자신의 금강산 그림에 같이 여행했던 사람들의 모습을 그려 넣고는 했다.

1	2	1 「만폭동도」의 일부　2 「단발령망금강산」의 일부
3	4	3, 4 「백천교」의 일부

금강 표훈사에서 오른쪽으로 산길을 따라가면 나오는 계곡을 그린 「만폭동도」를 볼까? 갓을 쓰고 도포를 입은 양반들, 너른 소맷자락에는 아마 책을 넣었을 거야. 이번에는 「단발령망금강산」 그림 속 꼬불꼬불한 산길을 잘 봐. 산길을 걸어서 가는 이가 있는가 하면, 종

192

을 앞세운 채 말을 타고 가는 선비 유람객도 있을 거야. 전망대에 올라 저 멀리 금강산을 바라보며 감상에 젖어 있는 선비들도 보이지. 금강산 여행의 나들목을 그린 「백천교」에선 가마를 타고 온 양반들이 산길이 좁아지자 나귀로 갈아타는 장면을 그리기도 했어. 당시 지위가 높은 양반들은 금강산을 유람하면서도 편하게 가려고 가마를 고집했다고 해.

그림 속에 등장하는 선비들은 정선과 함께 여행했던 이들이야. 직접 경험하고 관찰한 장면을 그리니 표현이 구체적이고 생동감이 넘치지. 정선의 그림은 실제보다 더 실제 같아. 그림만 봐도 금강산 구경을 다녀온 기분이 들 정도이지. 그래서 주변의 이런저런 사람들이 자기한테도 그려 달라고 졸라 대는 통에 정선은 같은 곳을 여러 번 그리기도 했어.

지금은 휴전선 때문에 좀처럼 갈 수 없지만 그 옛날 조선 시대에도 금강산 유람은 쉬운 일은 아니었어. 지금처럼 도로가 나지도 않았으니 고개를 아주 많이 넘고 넘어야 하는 멀고도 고된 길이었거든. 그뿐이니? 울울창창한 숲에서 호랑이가 불쑥 튀어나와 사람을 물고 가기도 하던 시절이었어.

그렇게 멀고 험한 여행길인데도 선비들은 앞다퉈 금강산 구경을 갔다고 해. 왜 그랬을까. 바로 정선이 살았던 18세기에 선비들 사이에서 국토 여행 바람이 거세게 일었거든. 금강산, 단양 팔경, 개성의 박연 폭포, 부산의 태종대 등 경치 좋기로 소문난 명승지는 다 찾아다녔다고 해.

그중에 가장 인기 있던 곳은 단연 금강산이었어. 금강산은 신라 시대부터 중국에까지 그 아름다움이 소문났을 정도니까 당연한 일이지. 시인이자 대학자인 김창흡은 금강산의 아름다움에 얼마나 푹 빠졌는지 열세 차례나 금강산을 다녀온 '금강산 마니아'였어. 제자 이병연의 초대를 받아 정선과 함께 간 유람은 여섯 번째였는데 육순을 바라보는 나이에도 먼 길을 마다하지 않고 달려간 거야. 어떤 선비는 "금강산은 절세 미녀 같아서 보고 또 보고 싶은 곳."이라고 했대. 그러니 정선의 산수화는 18세기 선비들의 국토 여행 붐을 그림에 담아낸 것이라고 볼 수 있어.

정선의 「청풍계도」 ◆ 서울 인왕산 동쪽의 청풍계라는 골짜기를 그렸다. 김창흡의 집안은 대대로 이곳에서 살았다. 고려대학교 박물관 소장.

전쟁이 낳은 금강산 붐?

그런데 이런 의문이 들지 않니? 정선이 살았던 조선 시대 후기에 왜 갑자기 국토 여행이 유행했을까? 뜻밖에도 당시에 벌어졌던 두 전쟁인 임진왜란, 병자호란과 관련이 있어.

참혹한 전쟁과 금강산 여행 붐이라? 얼핏 연결이 안 될 거야. 전쟁은 무수한 사람을 죽음으로 내몰기도 하지만 사회는 물론이고 사람들의 삶과 생각까지 바꾸기도 해. 그럼 임진왜란과 병자호란은 어떻게 당시 사람들의 생각에 영향을 미쳤을까?

우선 임진왜란을 살펴보자. 칠 년에 걸친 임진왜란은 조선을 쑥대밭으로 만들었지만 중국에도 엄청난 변화를 가져왔어. 당시 대륙을 지배하던 명나라가 조선에 군사 지원을 하느라 국력이 약해진 거야. 그 틈을 타 만주에서 살던 여진족이 힘을 길러 후금*을 세우고 결국 명나라는 후금에 의해 멸망하고 말아.

조선은 개국 이래 계속해서 명나라를 숭상해 왔어. 당시의 권력층, 특히 나라를 이끈 핵심 세력이던 서인들은 오랑캐라고 무시했던 여진족이 중국 땅의 새 주인이라고 도저히 인정할 수 없었지. 오늘날 한 학자의 표현을 빌리자면, 아프리카의 우간다가 미국을 이긴 것이나 마찬가지였거든. 그래서 조선의 지식인들은 이제 조선이

....
• 후금(後金) 여진족의 족장 누르하치가 1616년에 세운 나라로 1636년에 나라의 이름을 '청'으로 변경한다.

야말로 진정한 중국의 계승자라고 생각했어. 이른바 조선이 중국에 버금가는 문명국이라 생각하는 '소중화 사상', 또는 조선이야말로 중국을 이어받은 나라라 생각하는 '조선중화 사상'이 생겨난 거야.

이런 조선 제일주의 덕에 조선의 문화에 대한 자신감과 긍지가 강해졌고, 선비들은 우리 국토를 새로이 보게 되었어. 그래서 병자호란 이후 수십 년 뒤인 숙종 때부터 국토 유람 문화가 자연스럽게 생겨났지. 선비들은 앞다퉈 조선의 명소를 찾아갔고 그 대열에는 화가들도 함께했어.

국토 여행 문화를 이끈 주역은 앞서 소개한 김창흡과 그의 형제들이었어. 이들은 당시 서인의 우두머리였던 송시열의 제자들이기도 해.

"직접 보고 그리는 내 땅은 과거와 달라야 해."

정선의 스승 김창흡은 정말 멋진 학자였어. 대시인이면서 학문에도 조예가 깊었던 그를 여러 임금들이 벼슬을 내리며 궁궐로 불러들이려 했지만, 김창흡은 모두 고사하고 후학을 기르며 학문을 연마하는 데만 힘을 쏟았어.

숙종 때였어. 경복궁 뒷산인 백악산(북악산) 자락에 김창흡이 세운 낙송루라는 서당이 있었는데, 재주 있는 양반집 자제들이 모여서 글을 배웠어. 정선도 그중 한 명이야. 집안은 가난했지만 자식에게

정선의 「시화환상간」 ◆ 두 노인이 마주 앉아 시와 그림을 주고받는 장면을 그린 작품. 두 노인은 정선과 그의 친구 이병연을 뜻한다. 간송미술관 소장.

공부를 가르치려는 부모님의 열의가 대단했거든.

　"조선 사람이라면 마땅히 조선의 것을 사랑해야 해. 우리 산천을 직접 보지도 않고 시를 읊거나 그림을 그리는 것은 아무짝에도 쓸 모없어."

정선은 이런 가르침을 귀가 따갑도록 들었을 거야. 정선의 스승 김창흡은 조선의 산천을 여행하면서 직접 본 경치와 풍물, 풍속을 노래하자는 진경시(眞景詩) 운동을 이끌었거든. 진경은 말 그대로 진짜 경치, 참경치라는 뜻이야.

"우리 강산을 어떻게 그릴까. 지금까지의 방법으로는 우리 산을 제대로 표현할 수 없어."

스승의 가르침대로 발이 부르트도록 조선의 산천을 누빈 정선은 실제 경치를 표현하는 기법을 고민할 수밖에 없었지. 피나는 노력 끝에 정선은 조선의 산을 표현하기에 알맞은 새로운 기법을 창안해 냈어.

정선의 금강산 그림을 살펴보면 몇 가지 특징을 발견할 수 있어. 우선 삐죽삐죽 솟은 화강암 바위산을 표현하기 위해 붓을 죽죽 내리긋는 수직준법을 썼어. 영리했던 정선은 바위산 등을 그릴 때 시간을 아끼려고 한 손에 붓을 두 자루씩 쥐고 그리기도 했대. 또 나무가 우거진 산을 표현할 때는 쌀알 같은 점을 뚝뚝 찍어 마치 푸른 나뭇잎이 있는 것처럼 그렸어. 이 두 기법은 음양의 조화처럼 서로 잘 어울렸지.

자신만의 기법을 갈고닦은 정선 덕에 직접 본 조선 풍경의 아름다움을 있는 그대로 그리는 진경산수가 탄생하게 되었어. 사실 이전의 화가들은 조선 산을 그릴 때도 중국 화풍에 따라 그렸거든. 심지어 등장인물들의 옷차림도 중국풍이었지 뭐니.

하지만 정선의 그림은 조선의 산을 그대로 빼닮았어. 바로 정선이 자신의 눈으로 직접 보고 관찰한 풍경을 그렸기 때문이야. 그뿐 아니라 진경산수화 속에 등장하는 인물 역시 당시의 조선 사람 그대로였어.

조선 건국 이래 삼백 년 넘게 뿌리내렸던 중국 화풍을 몰아낸 조선의 독자적 화풍인 진경산수화. 그 화풍의 뿌리를 전쟁에서 찾을 수 있다니, 참 놀랍지 않니?

정선에 의해 숙종 때 싹을 틔운 진경산수화는 이후 김홍도, 최북 등 후대의 화가들에게로 이어졌고, 영조를 거쳐 정조에 이르기까지 백이십여 년 동안 조선의 미술계를 휘어잡았어.

「인왕제색도」에 얽힌 우정

　정선과 이병연의 우정은 정선의 그림 속에서도 확인할 수 있다. 나이는 이병연
이 정선보다 다섯 살 위였지만 두 사람은 어릴 적부터 한동네에 살며 친구처럼 지
냈다. 또 김창흡의 제자였던 두 사람은 스승의 뜻을 받들어 각각 진경시와 진경산
수화의 대가가 되었다. 이병연은 81세, 정선은 84세까지 장수했는데 나이가 들어
서도 우정은 변하지 않았다. 영조 시절, 정선이 65세에 지방 현령으로 승진하여 도
성을 떠나게 되었다. 정선을 떠나보내는 게 못내 아쉬웠던 이병연은 정선에게 "내
가 시 한 수 지어 주면 너는 그림 하나 그려 달라."라고 부탁한다. 정선은 자신들의
우정을 시와 그림으로 남겼다. 바로 노인들이 시와 그림을 서로 나눠 보는 모습을
담은 「시화환상간」이다.

　세월이 흘러 이병연이 병석에 눕게 되었다. 지루하게 내리던 장맛비가 갠 어느
날, 정선은 친구의 집이 있는 인왕산의 풍경을 그렸다. 늙은 벗이 장맛비가 개듯 쾌
차하기를 바라는 마음에서였다. 이렇게 해서 탄생한 그림이 「인왕제색도」이다. 하
지만 이병연은 그림이 완성되고 나흘 후에 세상을 떠났다. 「인왕제색도」 속 기와집

은 이병연의 집으로
알려져 있다. 정선과
이병연의 우정이 얽
혀 있는 그림으로 유
명한 「인왕제색도」
는 뛰어난 작품성 덕
에 국보 제216호로
지정되었다.

정선의 「인왕제색도」 ◆ 말년의 정선이 친구 이병연이 병석에서 일어나기
를 바라며 그린 인왕산 그림. 화폭 우측의 기와집이 이병연의 집이다. 삼성
미술관 리움 소장.

15 김홍도의 풍속화,
배꼽 잡는
이유 있었네

풍속화와
문화 군주
정조

"우와, 이거 되게 웃긴다."

옛 그림을 보던 아이가 갑자기 깔깔 넘어갔어. 조선 후기의 화가 김득신이 그린 「병아리를 채 가는 들고양이」를 보고 그런 거야. 하긴 박장대소할 만하지. 한낮에 들고양이가 병아리를 채 가는 장면을 그린 그림인데 아주 재미있어. 갑자기 일어난 일에 조용하던 마당이 아수라장이 되거든. 새끼를 눈앞에서 도둑맞은 어미 닭이 파르르 떨고, 형제를 잃은 병아리들도 혼비백산해. 마루에서 가마니를 짜던 남자는 깜짝 놀라 고양이를 쫓으려 벌떡 일어섰는데, 경황이 없다 보니 가마니 짜던 기구에 발이 걸려 마당으로 고꾸라지기 일보 직전이야. 머리에 썼던 탕건은 벗겨져서 저만치에 내동댕이쳐졌지. 놀라서 안방에서 뛰쳐나온 여자의 표정 좀 봐. 진짜 예능 프로그램보다 재미있는 그림 아니니?

김득신의 「병아리를 채 가는 들고양이」 ◆ 김홍도의 후배이자 조선을 대표하는 화가였던 김득신의 대표작. 고양이 때문에 일어난 소동이 손에 잡힐 듯 생생하다. 간송미술관 소장.

서민들의 일상을 그린 이런 그림을 풍속화라고 해. 풍속화 하면 김홍도가 유명하다는 이야기, 학교에서 많이 들었을 거야. 김홍도가 그린 풍속화 스물다섯 점을 모은 『단원 풍속도첩』에는 정말 재미있는 장면이 많아. 씨름, 대장간, 윷놀이, 우물가, 빨래터 등이 담겨 있는데, 그중에서도 「서당」을 볼까? 훈장 어른께 혼나서 우는 꼬마, 뒤에서 키득키득하며 재미있어하는 친구들……. 요즘 학교와 크게 다르지 않지? 「무동」에 그려진 덩실덩실 춤추는 아이는 요즈음의 웬만한 아이돌 그룹 멤버보다도 인기가 많았을 것 같아.

김홍도의 「서당」 ◆ 보물 제527호인 『단원 풍속도첩』에 실려 있는 그림. 회초리를 맞고 우는 아이와 훈장의 표정이 재미있다. 국립중앙박물관 소장.

김홍도의「무동」◆ 보물 제527호인『단원 풍속도첩』에 실려 있는 그림. 춤추는 아이가 흥에 겨워 그림 밖으로 튀어나올 듯하다. 국립중앙박물관 소장.

해학을 사랑한 군주, 정조

김홍도와 김득신은 모두 정조 시절의 화가들이야. 도화서* 화원 선후배 사이였던 이들은 둘 다 정조의 총애를 받으며 궁중에서 화원으로 활약했어. 풍속화의 익살스러움, 다른 말로 해학미가 최고조에 달했던 건 18세기 후반 정조가 조선을 다스리던 때였어.

왜 정조 시절에 풍속화가 배꼽 잡게 재미있어졌을까?

정조가 화원들에게 문제를 낸 적이 있대. 바로 차비대령화원을 뽑는 녹취재 시험이었어. 차비대령화원은 도화서 화원 중에서도 뛰어난 사람들만 가려 뽑았어. 화가 중의 화가를 뽑은 것이지. 차비대령화원이 되면 급료도 올라가고 승진할 때도 우대받았어. 유명한 화원들인 김홍도, 김득신, 신한평, 이인문, 이한철, 유숙 등이 모두 차비대령화원 출신이야.

1789년 6월이었어. 녹취재 3차 시험이 있는 날이었지. 창덕궁 규장각의 시험장에 모인 화원들은 마음을 졸였어. 두 번에 걸친 시험을 통과한 이들만 모였기에 경쟁은 더욱 치열했지. 더욱이 3차 시험은 정조가 직접 문제를 내고 채점까지 하니까 더 긴장될 수밖에 없었어.

---

* 도화서(圖畵署) 조선 시대에 그림과 관련된 일을 맡아보던 관아. 성종 때 도화원을 고친 것이다.

"도대체 임금께서 무슨 문제를 내실까?"

"그러게 말일세. 어렵지 않았으면 좋겠는데……."

이윽고 정조가 낸 문제를 본 화원들은 깜짝 놀라고 말았어. 바로 정조가 내건 조건 때문이야.

녹취재 3차 시험 문제

다음 두 가지 중 고르시오.

① 조운 선박˙ 점검

② 새참˙

※ 모두가 껄껄 웃을 만한 그림을 그리시오.

정조는 왜 이런 조건을 걸었을까? 그의 성장 배경에 단서가 있어. 정조는 아버지에 대한 어두운 기억을 가지고 있던 사람이야. 정조의 아버지는 사도 세자였어. 영조의 둘째 아들인 사도 세자는 일찌감치 왕 수업을 받기 위해 세자로 책봉됐지. 하지만 영조의 노여움을 사서 쌀을 담는 궤짝처럼 생긴 뒤주에 갇혀 죽고 말았어. 정조는 열한 살의 어린 나이에 그 장면을 목격했지.

이런 비극은 사도 세자가 왕이 될 경우 그를 지지하는 남인이 득세할 것을 우려한 노론이 영조와 사도 세자 사이를 이간질한 결과

• 조운 선박(漕運 船舶) 세금으로 걷은 쌀 등을 실어 나르는 배.
• 새참 일을 하다가 잠깐 쉬는 사이에 먹는 음식.

였어. 정조의 아버지 사도 세자는 당쟁의 희생물이 된 거야.

정조는 자신도 어찌 될지 모르기에 마음 졸이면서 살아야 했어. 하지만 왕이 되고 나서는 익살 있는 삶을 추구하는 멋진 사람이 된 거야. 어쩌면 아버지에 대한 어두운 기억 때문에 더욱 밝은 삶을 원했는지도 몰라.

어쨌든 익살을 요구한 정조 때문일까, 정조 때의 화원들이 그린 풍속화는 김홍도나 김득신의 그림처럼 재미있고 익살스러워. 보고 있으면 슬며시 웃음이 나고 마음도 즐거워지지.

서얼도 발탁한 정조

18세기 후반에 절정을 이룬 풍속화는 정조 시절에 조선의 문화가 활짝 꽃피었음을 보여 주는 좋은 사례야.

영조가 죽고 스물다섯 살에 왕이 된 정조는 영조가 오십 년 동안 이룩한 정치적·사회적 안정을 토대로 조선 후기 최고의 문화 황금기를 이룩했어. 광개토 대왕과 장수왕이 나란히 고구려의 번영을 이끌었던 것처럼 말이야. 정조는 할아버지 영조처럼 당파에 관계없이 인재를 고르게 쓰려고 애썼어. 당파를 타파하려는 그런 정책을 탕평책이라고 해. 탕평책 덕에 나라가 정치적으로 안정되었기에 문화가 꽃필 수 있었어.

정조는 중국의 요순시대˚처럼 백성들이 행복한 나라를 만들고 싶었어. 무엇보다 정조 자신이 아주 부지런했고 공부도 열심히 했기에 박학다식했다고 해. 학문을 좋아해서 "책을 만지기만 해도 기분이 좋아진다."라고 할 정도였으니까.

영리했던 정조는 임금의 힘만으로는 행복한 나라를 만들 수 없다는 걸 잘 알았어. 인재의 중요성을 깨닫고 재능 있는 자들을 키웠는데, 그 핵심이 규장각과 실학자들이야.

정조는 즉위하자마자 창덕궁에 규장각을 설치했어. 규장각은 왕실 도서관이었지만 책을 수집만 한 게 아니라 적극적으로 편찬했어. 또한 학문과 정책을 연구하는 기관으로서 정조를 보좌할 인재들을 키우는 곳이기도 했어. 정조 때 재상을 했던 채제공과 실학자 정약용이 규장각 출신이야.

규장각은 서얼 출신도 과감하게 등용했어. 서얼이란 양반가의 자제지만 첩이 낳은 사람들을 말해. 유명한 실학자 이덕무, 박제가 등이 서얼 출신이야. 서얼은 양반의 핏줄이지만 중인과 같은 취급을 받았어. 아버지를 아버지라 부르지 못하고 '나리'나 '대감'으로 부르며 설움을 받아야 했지. 서얼들은 관리로 진출하는 길도 막혀 있었어. 하지만 정조는 그런 서얼 출신 학자를 조선에서도 내로라하는 인재들만이 갈 수 있는 규장각에 배치해 사회에 새바람을 일으킨 거야.

서얼뿐 아니라 중인들에게도 희망이 있는 시대였어. 이전까지 중인은 잡과에 응시해서 통역, 의원, 화원 등 특수 기술직에만 종사할

• 요순시대(堯舜時代) 고대 중국에서 요임금, 순임금이 다스렸던 태평했던 시절.

수 있었어. 이들은 양반의 보좌가 업무여서 고위직에는 올라갈 수 없었지. 하지만 정조 시절에는 중인 출신의 지방관이 나왔어. 정조의 총애를 받았던 화원 김홍도가 이전에는 감히 꿈꿀 수 없던 연풍현감을 지낸 것도 그런 경우야.

정조 시절 인재 등용의 또 다른 핵심은 실학자들을 키워 낸 거야. 규장각에서 일했던 서얼 출신들은 전부 실학자이기도 해. 실학은 책상에 앉아 공자, 맹자만 이야기하는 이론에서 벗어나 사람들에게 실질적으로 도움을 주는 공부를 하자는 학문의 새로운 경향을 말해. 세상을 개혁하고 사회의 모순을 없애기 위해 과학적이고 객관적인 태도를 중요하게 생각했지. 그래서 사실에 근거를 두고 진리를 탐구하는 태도라고 해서 '실사구시 학풍'이라고도 해. 사신을 따라 청나라에 방문했다가 선진 문물에 충격받고 청나라의 문물을 적극적으로 받아들이자고 주장하는 학자들도 생겨났어. 이들을 북학파라고 해. 그 외에도 실학자들의 주장은 다양했어. 농업을 통해서 백성의 삶을 윤택하게 하자고 주장한 이익 같은 이들이 있는가 하면, 박제가나 홍대용처럼 상업을 키워 경제를 발전시켜야 한다고 주장하는 이들도 있었어.

실학자들의 제안 중에는 지금 봐도 기발하고 혁신적인 것들이 많아. 정약용은 물건의 길이나 무게 등을 측정하는 도량형기를 정비하자고 주장했어. 길이를 재는 자가 들쭉날쭉해서 시장이 흔들리고 부정이 생긴다고 봤거든. 홍대용은 놀고먹는 양반 자제들에게 장사를 시키라고 했어. 국가에서 돈을 빌려 주어서라도 상업에 종사하

화성 용주사 후불탱화 ♦ 명암을 이용해 입체적으로 그린 기법에서 서양화의 영향을 받았음을 알 수 있다.

도록 만들어야 한다고 했지. 박제가는 풍수설에 따라 묏자리를 잡느라 생기는 문제들을 지적하며 마을마다 공동묘지를 만들자고 했어. 참고로 풍수설은 산, 땅, 물의 형세에 따른 기운이 사람의 길흉화복

책가도 ◆ 책가도란 책과 방 안의 물건들을 함께 그린 것이다. 책을 좋아했던 정조는 책가도를 어좌 뒤에 걸어 둘 정도였다고 한다. 나중에는 시중에서도 유행해 민화의 소재가 되었다. 학고재 소장.

을 결정한다고 믿는 사상이야. 그래서 이왕이면 명당에 조상의 묘를 잡으려고 애썼는데, 그 도가 지나쳐 남의 묘를 파내기도 하고 자리를 놓고 서로 구타하거나 살인하는 사건까지 벌어졌어. 기록을 봐도 묘지를 둘러싼 다툼이 끊이지 않았다고 해.

옛것에 익숙하고 고집 센 벼슬아치들은 실학자들의 주장을 무시하고 우습게 봤어. 하지만 실학의 기운찬 흐름을 막을 수는 없었지.

실학의 시대에는 백성들도 소설을 즐겼다

청나라를 통해 서양 과학과 서양 의학, 천주교 등 이른바 서학이 유입된 것도 실학이 뿌리내리는 데 도움이 되었어. 그리고 서학은 전통 미술에도 영향을 미쳤어. 먹과 붓으로 그리던 전통 방식에 입체를 강조하는 서양 화법이 더해지기 시작한 거야. 경기도 화성시 용주사의 후불탱화가 그런 변화를 잘 보여 줘. 정조 때 그려진 이 불화에는 부처와

보살의 얼굴에 밝고 어두운 음영이 표현되어 있어서 서양화처럼 입체감이 살아 있어. 이 그림은 정조의 명령으로 북경에 다녀온 김홍도, 이명기 등 화원들이 그곳에서 봤던 서양화를 참고해서 그린 것이라고 해.

정조는 백성들의 생활을 안정시키기 위해서도 애썼어. 암행어사 제도를 활용해서 백성의 불편과 수령들의 부정을 방지하려 했고, 정약용 등 측근들을 지방관으로 보내기도 했지.

이런 사회 분위기 덕분에 일반 백성들도 조금씩 문화를 누리기 시작했어. 『춘향전』, 『토끼전』, 『흥부전』 같은 재미난 국문 소설이 영조와 정조 시대에 쏟아져 나왔는데, 주로 백성들이 즐겨 읽었어. 글을 모르는 사람들에게 책을 읽어 주는 직업도 등장했는데, 이들은 종로 등 사람들이 많이 모이는 곳에 자리 잡고 앉아 구성지게 소설을 들려주었어. 수완 좋은 이야기꾼은 가장 재미있는 대목에서 이야기를 갑자기 뚝 끊기도 했대. 왜 그러는지 눈치챈 사람들이 엽전을 던져 주면 그제야 다시 읽기 시작했다고 해.

아쉽지만 정조의 개혁은 어이없이 중단되고 말았어. 정조가 마흔아홉이라는 이른 나이에 갑작스럽게 병으로 세상을 떠났거든. 이후 조선은 세도 정치*에 휘둘리며 급속히 내리막길을 걷기 시작해. 그래서 지금도 정조의 이른 죽음은 조선 역사에서 큰 손실로 평가받

• 세도 정치(勢道 政治) 왕실의 근친이나 신하가 강력한 권세를 잡고 온갖 정사를 마음대로 하는 정치.

고 있어. 어떤 지도자가 다스리느냐에 따라 그 사회의 운명이 좌우
될 수도 있다는 교훈을 가장 잘 보여 주는 예가 바로 정조 아닐까?
지금의 우리가 선거에 관심을 가져야 하는 것도 비슷한 이유에서일
거야.

탕평책에서 비롯된 탕평채

'탕평'은 "왕도는 기울임도 치우침도 없이 탕탕하고 평평해야 한다."라는 뜻인 '탕탕평평'의 준말로 유교의 경전인 『서경』에서 유래되었다. 당쟁 탓에 숨죽인 채 왕자 시절을 보내야 했던 영조는 왕이 되자 왕권 강화를 위해 탕평책을 실시하겠다고 선언했다. 노론, 소론, 남인, 북인 등 네 당파로 나뉘어 싸우는 붕당 정치 속에서는 자칫 왕이 이리저리 끌려다니며 허수아비 신세가 될 수 있었기 때문이다. 영조는 구체적인 탕평책으로 당색을 타파하고 재능에 따라서 인재를 고루 등용하겠다고 밝혔다. 일부 권력 있는 집안이 벼슬자리를 독점하는 현상을 막겠다는 뜻이었다. 또 노론, 소론, 남인, 북인 등의 단어를 공식 문서에 쓰지 못하게 했다. 상대를 해치려는 말이나 행위를 한 사람이 적발되면 평생 벼슬을 주지 않겠다고도 했다. 탕평책에 대한 영조의 의지가 어찌나 강했던지 탕평을 논의하는 자리에선 '탕평채'라는 요리를 만들어 먹었을 정도였다. 탕평채란 흰 녹두묵에 잘게 썬 검은색 김, 고기볶음, 푸른 미나리와 붉은 당근 등을 섞어서 무친 요리다.

영조는 탕평책을 실행하기 위해 애썼지만 깊이 뿌리내린 붕당 정치를 해소하지는 못했다. 영조에 이어 왕위에 오른 정조도 영조처럼 탕평책을 활용해서 어떤 당파에도 치우치지 않고 실력에 따라 인재를 쓰려 했다. 자신의 아버지 사도 세자가 당쟁의 희생양이 되어 비참한 최후를 맞았기에 정조는 어느 왕보다 붕당 정치의 폐해를 절실히 느꼈을 것이다.

탕평채 ◆ 각양각색의 재료들을 잘 버무린 탕평채에는 각 당파가 다투지 말고 서로 잘 조화를 이루라는 뜻이 담겨 있다.

16

「세한도」가
품은
중인들의 이야기

———

양반 스승 김정희와
중인 제자 이상적

지난여름 가족들과 제주도로 여행을 갔어. 비행기를 타고 승무원이 주는 오렌지 주스를 한 잔 마신 다음 신문을 뒤적이는데, 벌써 착륙을 알리는 방송이 나오지 뭐니. 진짜 금방이야. 제주도가 서울에서 비행기로 딱 사십 분 걸리는 가까운 곳이 되었다니.

　하지만 추사 김정희가 살았던 조선 시대에는 목숨을 걸고 가야 하는 멀고도 험한 곳이 제주도였어. 거센 풍랑에 배가 뒤집혀 목숨을 잃을 수도 있었거든.

천재 서예가 김정희의 제주도 유배

'추사체'라는 글씨체로 유명한 서예가 김정희는 제주도에서 귀양살이를 했어. 김정희가

받은 벌은 '위리안치'라고 하는데 달아나지 못하도록 집 주변에 가시울타리를 치고 그 안에서만 살게 하는 혹독한 형벌이야. 그런 벌을 김정희는 무려 구 년 동안이나 받아야 했어.

경주 김씨인 김정희의 집안은 원래 한양에서 잘나가던 명문가였어. 김정희의 아버지 김노경은 요즘으로 치면 장관, 차관에 해당하는 벼슬만 이십 년을 했지. 김정희도 서른네 살에 대과에 급제한 뒤로 벼슬길이 순탄했어.

그런데 김정희의 인생 후반에 짙은 먹구름이 집안을 뒤덮었어. 당시 권력을 휘두르던 안동 김씨 세력의 질시와 음모 탓에 김정희가 마흔다섯 살일 때 그의 아버지가 완도로 유배를 간 거야. 십 년후에는 김정희 자신마저 제주도로 유배를 가게 돼. 그때 김정희는 환갑이 머지않은 쉰다섯 살이었어.

한양에서 가장 먼 세상 끝의 섬, 제주도에서 홀로 귀양살이를 해야 하는 김정희의 심정이 어땠을까. 놀랍게도 김정희는 원망과 울분으로 세월을 낭비하지 않고 다만 글씨를 쓰고 또 썼어. 너무나 파격적이어서 '괴이한 멋'이 있다는 추사체는 이처럼 유배 시절의 인내와 끊임없는 연습 끝에 탄생한 것이야. "내 칠십 평생 벼루 열 개가 닳아 구멍이 났고 붓 천 자루가 몽당붓이 되었다." 김정희가 남겼다는 말이야. 얼마나 많이 벼루에 먹을 갈고, 붓으로 글씨를 썼을지 상상이 되니?

「세한도」의 주인공은 누구일까

김정희는 그림도 곧잘 그렸어. 제주도로 유배 오고 오 년 뒤에 그린 「세한도」는 김정희의 최고 걸작으로 꼽히는 그림이야. 일제 강점기, 삼일 운동에도 참여했던 개화파 지식인 오세창은 「세한도」를 '국보급'이라고 치켜세웠을 정도야.

「세한도」를 자세히 살펴보면 둥근 창문이 있는 허름한 집 한 채 곁을 소나무와 잣나무가 친구처럼 지키고 서 있는 게 전부야. 사람은 전혀 안 보여서 고독하고 쓸쓸하지? 일부러 물을 충분히 머금지 않아 끝이 갈라진 붓으로 그린 덕에 그런 분위기가 더욱 잘 표현됐어. 가족과 떨어져 제주도에서 귀양살이하는 김정희의 외로운 마음이 담긴 듯하지 않니?

그런데 「세한도」의 주인공은 따로 있어. 누구냐고? 비밀의 열쇠는 바로 김정희가 그림 왼편에 쓴 글 속에 있어.

추운 겨울이 된 뒤에야 소나무와 잣나무가 푸르게 남아 있음을 안다.

「세한도」에 적힌 글에 이런 구절이 있어. 『논어』에 나오는 글을 인용한 것인데, 그림 속 소나무와 잣나무는 바로 김정희의 제자인 역관 이상적의 의리를 상징해. 역관은 조선이 청나라 등에 사신을 보낼 때 통역 업무를 맡았던 관리를 뜻해.

去年以晩學大雲二書寄來 今年又以
藕耕文編寄來 此皆非世之常有 購之
千万里之遠 積有年而得之 非一時之
事也 且世之滔滔 惟權利之是趨 爲之
費心費力如此 而不以歸之權利 乃歸
之海外蕉萃枯槁之人 如世之趨權利
者 太史公云 以權利合者 權利盡而交
疎 君亦世之中一人 其有超然自拔於
滔滔權利之外 不以權利視我耶
太史公之言非耶 孔子曰 歲寒然後知
松柏之後凋 松柏是毋四時而不凋者
歲寒以前一松柏也 歲寒以後一松柏
也 聖人特稱之於歲寒之後 今君之於
我 由前而無加焉 由後而無損焉 然由
前之君 無可稱 由後之君 亦可見稱於
聖人也耶 聖人之特稱 非徒爲後凋之
貞操勁節而已 亦有所感發於歲寒之
時者也 烏乎 西京淳厚之世 以汲鄭之
賢 賓客與之盛衰 如下邳榜門迫切之
極矣悲夫 阮堂老人書

　이상적은 청나라의 수도 연경을 드나들 때마다 스승 김정희에게 책을 사다 주었어. 김정희는 책벌레였거든. 가슴속에 만 권의 책이 들어 있어야 그게 흘러넘쳐 그림과 글씨가 된다고 했을 정도야. 유배 중에도 사그라지지 않는 책과 학문에 대한 욕구 때문에 가족과 친구들에게 책을 보내 달라고 독촉했다고 해.

　특히 청나라의 최신 학문에 목말라했던 김정희는 이상적이 청나라에서 간행된 귀한 신간을 구해 주기를 고대했어. 이상적은 아무리 어렵더라도 김정희가 갖고 싶어 하는 책을 가져다주었고, 양도 어마어마했어. 예컨대 『황조경세문편』이라는 책은 자그마치 백이십 권이나 됐는데도 구해 주었대. 김정희도 "이런 책들은 흔히 있는 것도 아니고, 천만리 먼 곳에서 사 와야 하며 여러 해가 걸려야 비로

김정희의 「세한도」 ◆ 국보 제180호. 김정희의 대표작으로 그 이면에는 중인 이상적과 명문 양반 김정희의 교류가 숨어 있다. 개인 소장.

소 얻을 수 있는 것."이라며 고마워했지. 스승에 대한 존경과 지극한 정성이 없다면 불가능했을 일이야.

청나라 학자들도 인정한 재주꾼

이상적이 청나라의 귀한 서적을 손에 넣을 수 있었던 건 역관이라는 직업 덕분이었어. 그는 실력이 뛰어나 열두 번이나 중국을 다녀왔어. 역관은 실력을 꾸준히 인정받아야 계속해서 청나라에 다녀올 수 있었다고 하니 이상적의 능력이 어느 정도였는지 알 수 있지. 이상적은 통역만 잘하는 게 아니라 문학적 재능도 빼어났다고 해. 그래서 다른 역관들

「세한도」에 대한 청나라 유학자들의 극찬 ◆ 이상적은 「세한도」를 청나라에 가지고 가 청나라 학자 16명에게 칭찬의 글을 받아 그림 옆에 붙였다고 한다.

과 달리 청나라의 시인들로부터 인정받는 시인이기도 했지.

　김정희는 집안 좋은 양반이었지만 이상적처럼 재주 있는 자라면 누구와도 가까이 지냈어. 오경석, 김석준 등 역관들을 비롯해 조희룡, 전기, 이한철 등 재능 있는 중인 출신 화가나 문인과도 어울렸대. 김정희가 귀양살이를 할 때, 의리를 저버리지 않고 제주도까지 찾아와 준 이들도 주로 이런 사람들이었어. 특히 화가 허련은 스승 김정희를 찾아 제주에 세 번이나 갔다고 해. 허련이 말했듯 '거친 풍랑 탓에 삶과 죽음을 하늘에 맡기는' 위험한 일이었지만 말이야.

이상적의 초상화 ◆ 이상적의 아들이 청나라 화가가 그린 아버지의 초상화를 새로 그린 것이라고 한다.

조선 후기의 문화를 이끈 중인들

그런데 거꾸로 이렇게 생각해 볼 수도 있어. 양반 김정희가 중인들과 친했던 건, 그들이 당시의 대학자이자 서화가였던 김정희와 어울릴 정도로 뛰어났다는 뜻이기도 하다고 말이야.

조선 초기에는 모든 백성이 양인과 천민, 두 계층으로 구분됐어. 그러다 점차 양반, 중인, 상인, 천인의 네 계층으로 나뉘었지. 이 가운데 중인은 기술직으로 일하며 양반을 보좌했어. 넓게는 하급 관리인 서리와 첩의 자식인 서얼도 중인에 포함되었어.

기술직 중인은 잡과 시험을 치르고 의원, 역관, 산사(회계사), 천문관, 율사(법무사), 화원 등에 종사했어. 그들의 자식들도 대체로 아버지의 직업을 이었지. 요즘에야 전부 각광받는 전문직이지만 조선 시대에는 양반들로부터 무시당하던 직업들이야.

그러나 조선 후기로 가면서 중인들의 사회적 지위가 올라가기 시작했어. 중인 중에서 양반이나 상인보다 큰 부자가 나오기도 했고. 숙종 때의 일본어 통역관 변승업은 한양에서 제일가는 부자였다고 해. 변승업의 가문은 그의 아버지를 비롯해 아홉 명의 형제 중 여섯 명이 역관을 해 가히 역관 집안이라 부를 만했어. 역관은 사신을 따라 청나라나 일본에 갈 때 개인적으로 무역을 할 수 있었는데, 이게 엄청난 돈벌이가 된 거야. 예컨대 조선의 인삼과 은을 가지고 가서 청나라의 비단 등을 사 오면 이익을 몇 배나 남길 수 있었거든.

이 때문에 역관들은 자기 자식들 역시 과외를 시켜서라도 역관을

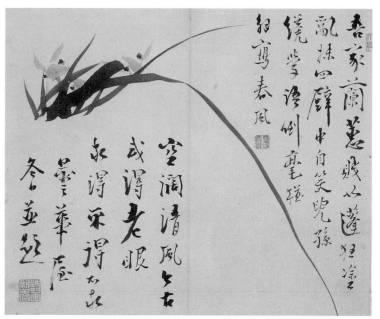

조희룡의 「묵란」 ◆ 시서화 삼절로 유명한 조희룡은 평소 난초를 즐겨 그렸다고 한다. 서울대학교 박물관 소장.

시키려고 했어. 「세한도」의 주인공 이상적의 집안도 그런 명문 역관 가문 중의 하나야.

사신을 따라 청나라에 갔던 의원들도 부자가 될 수 있었대. 영조와 정조 시절에 어의*를 지냈던 김광국은 재산이 아주 많아서 값비싼 그림을 수집한 것으로 유명했어. 영조와 정조를 거치며 사회적 지위가 올라간 중인들이 양반의 문화도 누리기 시작한 거야. 그 전

• 어의(御醫) 조선 시대 궁궐 내에서 임금이나 왕족의 병을 치료하던 의사.

추사적거지 ◆ 제주도에 유배 간 김정희가 지낸 집을 1984년에 복원해 냈다. 김정희는 제주도에서 구 년간 귀양살이를 해야 했다.

에는 값비싼 그림을 구입해 감상하는 건 왕실이나 명문 양반 가문이 아니었다면 꿈도 꿀 수 없는 사치스러운 문화였거든.

또 중인들은 양반들을 흉내 내서 한문학을 공부하고 한시 모임도 갖기 시작했어. 그래서 19세기에는 중인 출신의 '시서화 삼절'이 나오기도 했어. 양반들은 교양의 기준으로 시를 잘 짓고, 글씨를 잘 쓰고, 그림도 잘 그려야 한다고 했는데, 이 세 가지가 모두 빼어난 사람을 석 삼(三) 자와 빼어날 절(絶) 자를 써서 삼절(三絶)이라고 불렀거든. 김정희의 제자였던 조희룡은 대표적인 중인 출신 시서화 삼절이야.

명문가 출신 김정희가 중인들을 제자로 두고 싶어 했던 이유를 알겠지? 19세기 중인들은 이미 조선 사회의 중심에 있었던 거야.

혹시 제주도에 가게 되면 김정희의 유배지를 한번 찾아가 봐. 서귀포시 대정읍에 김정희가 귀양살이를 했던 추사적거지와 김정희의 유물 등을 모아 놓은 추사 기념관이 있어. 추사 김정희의 글씨를 감상하면서 그와 중인들 사이의 멋진 우정에 대해 생각해 보면 어떨까.

역관들은
어떻게 부자가 되었을까

조선 전기에 나라끼리 무역하는 방법은 조공 무역뿐이었다. 조공이란 중국의 주변 국가들이 정기적으로 중국에 사절을 파견해서 공물을 바치던 것을 말한다. 중국은 답례로 수배에서 수십 배에 달하는 하사품을 보냈다. 조선과 일본을 비롯한 중국의 주변 국가들은 이런 조공 무역을 통해 물자를 조달했다.

그런데 임진왜란 이후 사정이 달라졌다. 중국은 조선의 기근을 구제하고 군대에서 쓸 말을 조달할 목적으로 중강(압록강 부근의 난자도)에서 무역을 할 수 있도록 허용했다. 이것이 공무역인 중강 개시이다. 청나라가 중국을 지배한 17세기 이후에는 회령, 경원, 책문 등지에서도 개시가 이뤄졌다. 이어 대규모 사무역인 후시 무역도 일어났다. 이들 개시나 후시를 이용하면 품목에 따라 열 배에서 스무 배에 달하는 이익을 거둘 수 있었다.

역관들도 무역에 뛰어들었다. 조선 조정에서도 역관들의 사무역을 어느 정도는 허용했다. 당시 역관들의 무역 품목은 주로 인삼이었는데, 총 팔십 근 이내라면 인삼 무역을 할 수 있었다. 나중에는 은 이천 냥으로 인삼 팔십 근을 대체했다. 역관들은 중국에서 사들인 비단, 안약, 골동품, 서책 등을 조선에서 되팔아 부를 쌓았다. 역관들이 지나치게 장사에 몰두하여 서로 경쟁하는 바람에 현지의 물가를 올리는 볼썽사나운 짓을 한다며 비난하는 기록도 남아 있다.

참고문헌

단행본

『18세기 연행록과 중국사회』, 최소자·정혜중·송미령 엮음, 혜안 2007.

『개경의 생활사』, 한국역사연구회 지음, 휴머니스트 2007.

『거꾸로 보는 고대사』, 박노자 지음, 한겨레출판 2010.

『겸재를 따라가는 금강산 여행』, 최완수 지음, 대원사 1999.

『고구려 고분벽화 연구』, 김용준 지음, 열화당 2001.

『고구려 회화』, 안휘준 지음, 효형출판 2007.

『고구려의 정신과 정책』, 윤명철 지음, 학연문화사 2004.

『고대 동아시아 문명 교류사의 빛, 무령왕릉』, 권오영 지음, 돌베개 2005.

『고래의 삶과 죽음』, 이브 코아 지음, 최원근 옮김, 시공사 1995.

『고려 청자』, 정양모 지음, 대원사 1998.

『고려불화』, 문명대 지음, 열화당 1990.

『고려시대 사람들은 어떻게 살았을까』 2, 한국역사연구회 지음, 청년사 2005.

『고려에 시집온 칭기즈칸의 딸들』, 이한수 지음, 김영사 2006.

『고려의 석불상』, 김길웅 지음, 법인문화사 1994.

『고분벽화로 본 고구려 이야기』, 전호태 지음, 풀빛 1999.

『공민왕과의 대화』, 이기담 지음, 고즈윈 2005.

『단숨에 읽는 한국사』, 오정윤 지음, 베이직북스 2006.

『도자공예』, 강대규·김영원 지음, 솔 2005.

『마애불』, 문명대 지음, 대원사 1991.

『백제 역사와 문화』, 노중국·권오영 지음, 충청남도역사문화연구원 2008.

『벽화여, 고구려를 말하라』, 전호태 지음, 사계절 2004.

『북한의 전통사찰』 5, 대한불교조계종 민족공동체추진본부 엮음, 양사재 2011.

『불교 조각』 1, 강우방·곽동석·민병찬 지음, 솔 2003.

『불상』, 진홍섭 지음, 대원사 1989.

『살아있는 백제사』, 이도학 지음, 휴머니스트 2003.

『삼국유사』, 일연 지음, 김원중 옮김, 을유문화사 2002.

『새로운 삼국사기』 1·2, 이우경 편역, 한국문화사 2007.

『세종의 수성 리더십』, 박현모 지음, 삼성경제연구소 2006.

『아름다운 우리 도자기』, 윤용이 지음, 학고재 1996.

『안견과 몽유도원도』, 안휘준 지음, 사회평론 2009.

『옛 화가들은 우리 땅을 어떻게 그렸나』, 이태호 지음, 생각의나무 2010.

『완당 평전』 2, 유홍준 지음, 학고재 2002.

『우리 문화의 황금기 진경시대』 1, 최완수 외 지음, 돌베개 1998.

『우리 옛 도자기의 아름다움』, 윤용이 지음, 돌베개 2007.

『울산의 암각화』, 전호태 지음, 울산대학교출판부 2005.

『월주요 청자와 한국 초기 청자』, 김인규 지음, 일지사 2008.

『유홍준의 국보순례』, 유홍준 지음, 눌와 2011.

『유홍준의 한국미술사 강의』 1, 유홍준 지음, 눌와 2010.

『조선시대 산수화』, 고연희 지음, 돌베개 2007.

『조선왕실의 미술문화』, 이성미 외 지음, 대원사 2005.

『조선의 그림 수집가들』, 손영옥 지음, 글항아리 2010.

『조선의 르네상스인 중인』, 허경진 지음, 랜덤하우스코리아 2008.

『조선후기 중인문화 연구』, 정옥자 지음, 일지사 2003.

『조선후기 회화의 사실정신』, 이태호 지음, 학고재 1996.

『중국 산동성 불상』, 양은경 지음, 주류성 2010.

『중국한국미술사』, 김홍남 지음, 학고재 2009.

『지리 교사 이우평의 한국 지형 산책』, 이우평 지음, 푸른숲 2007.

『청동기 문화』, 이건무 지음, 대원사 2000.

『한국 미술문화의 이해』, 강민기·강현숙·이선재·이숙희·윤희상·장경희 지음, 예경 2006.

『한국문화사』, 이화여자대학교·한국문화사편찬위원회 편저, 이화여자대학교출판부
    1978.

『한국미술의 역사』, 김원용·안휘준 지음, 시공사 2003.

『한국사 이야기 2 — 고구려 백제 신라와 가야를 찾아서』, 이이화 지음, 한길사 1998.

『한국사 이야기 7 — 몽골의 침략과 30년 항쟁』, 이이화 지음, 한길사 1999.

『한국사 이야기 8 — 개혁의 실패와 역성혁명』, 이이화 지음, 한길사 1999.

『한국사 이야기 11 — 조선과 일본의 7년 전쟁』, 이이화 지음, 한길사 2000.

『한국사 이야기 12 — 국가 재건과 청의 침입』, 이이화 지음, 한길사 2000.

『한국사 이야기 13 — 당쟁과 정변의 소용돌이』, 이이화 지음, 한길사 2001.

『한국사 이야기 15 — 문화군주 정조의 나라 만들기』, 이이화 지음, 한길사 2001.

『한국사』 1, 강만길 지음, 한길사 1994.

『한국신석기문화』, 임효재 지음, 집문당 2000.

『한국의 마애불』, 이태호·이경화 지음, 다른세상 2002.

『한국의 미 4 — 청자』, 김원용 외 지음, 중앙일보사 1994.

『한국의 미 7 — 고려불화』, 김원용 외 지음, 중앙일보사 1994.

『한국의 미 9 — 석탑』, 김원용 외 지음, 중앙일보사 1994.

『한국의 미 10 — 불상』, 김원용 외 지음, 중앙일보사 1994.

『한국의 불상』, 황수영 지음, 문예출판사 1989.

『한국의 석조미술』, 진홍섭 지음, 문예출판사 1995.

『한국의 암각화』, 임세권 지음, 대원사 1999.

『한국지석묘유적(고인돌) 종합조사 · 연구』, 최몽룡 외 지음, 문화재청 1999.

『한국회화사』, 안휘준 지음, 일지사 2000.

『한권으로 읽는 고려왕조실록』, 박영규 지음, 들녘 1996.

『한권으로 읽는 조선왕조실록』, 박영규 지음, 들녘 1996.

『한권으로 정리한 이야기 중국사』, 조관희 엮음, 청아출판사 2003.

『후삼국시대 호족연구』, 신호철 지음, 개신 2002.

논문

「고려시대 자기소와 그 전개」, 이희관, 『사학연구』 제77호, 2005.

「대곡리 암각화에 나타난 신석기시대 한반도의 식생활문화」, 고경희, 『한국식생활문화학
　　회지』 제21권 제6호, 2006.

「백제인의 종족 구성」, 권오영, 『백제인의 얼굴, 백제를 만나다』, 국립부여박물관 2012.

「울산 대곡리 반구대 선사유적의 동물그림」, 이상목, 『한국고고학보』 제52집, 2004.

「울산 태화강 중·하류부의 Holocene 자연환경과 선사인의 생활 변화」, 황상일·윤순옥, 『한국고고학보』 제43집, 2000.

「한국 마애불의 조형과 신앙: 고려·조선을 중심으로」, 이경화, 전남대학교 박사 학위 논문, 2006.

「호남지방 고인돌의 형식과 구조」, 지건길, 『한국고고학보』 제25집, 1990.

「호남지방의 지석묘 출토유물에 대한 고찰」, 이영문, 『한국고고학보』 제25집, 1990.

「호남지방의 지석묘사회」, 최몽룡, 『한국고고학보』 제25집, 1990.

「14세기 고려 상감청자 연구」, 이종민, 홍익대학교 석사 학위 논문, 1992.

「14세기 전반 상감청자 연구」, 박정민, 명지대학교 석사 논문, 2006.

도록

『간송문집 79호 ─ 회화오십화훼영모』, 한국민족미술연구소 지음, 2010.

『고려불화대전』, 전시 도록, 국립중앙박물관 2011.

『고려왕실의 도자기』, 전시 도록, 국립중앙박물관 2008.

창비청소년문고 8
한 폭의 한국사
우리 그림 보며 한국사 나들이

초판 1쇄 발행 2012년 12월 10일
초판 16쇄 발행 2021년 8월 10일

지은이 손영옥 | 펴낸이 강일우 | 책임편집 김효근 | 펴낸곳 (주)창비
등록 1986년 8월 5일 제85호 | 주소 10881 경기도 파주시 회동길 184
전화 031-955-3333 | 팩스 031-955-3399(영업) 031-955-3400(편집)
홈페이지 www.changbi.com | 전자우편 ya@changbi.com

ⓒ 손영옥 2012
ISBN 978-89-364-5208-7 43910

• 이 책은 관훈클럽신영연구기금의 도움을 받아 저술 출판되었습니다.